Traduzidos dos respetivos originais, com introduções e notas explicativas, esta coleção põe o leitor em contacto com textos marcantes da história da filosofia.

A guerra e queixa de paz

Título original:
Dulce Bellum Inexpertis
e
Querela Pacis

Introdução, tradução do latim e notas de António Guimarães Pinto

Capa: FBA

Depósito Legal n.º 143236/99

Biblioteca Nacional de Portugal – Catalogação na Publicação

ERASMO DE ROTERDÃO, 1467-1536

A Guerra e Queixa da paz. - (Textos filosóficos ; 46)
ISBN 978-972-44-2055-4

CDU 172

Impressão e acabamento:
LATGRAF – ARTES GRÁFICAS, LDA.
para
EDIÇÕES 70
em
Outubro de 1999

EDIÇÕES 70, uma chancela de Edições Almedina, S.A.
Avenida Engenheiro Arantes e Oliveira, 11 – 3º C - 1900-221 Lisboa / Portugal
e-mail: geral@edicoes70.pt

www.edicoes70.pt

Erasmo de Roterdão
A guerra e queixa de paz

INTRODUÇÃO, TRADUÇÃO DO LATIM E NOTAS
DE A. GUIMARÃES PINTO

70

INTRODUÇÃO

À memória de minha irmã Teresa

Nunc tamen interea prisco quae more parentum
tradita sunt tristi munere ad inferias,
accipe, fraterno multum manantia fletu
atque in perpetuum, *soror,* aue atque uale.

Catulo, *Inferiae ad fratris tumulum.*

1. Actualidade do irenismo de Erasmo?

Muito mais citado do que realmente conhecido, Erasmo associa-se hoje sobretudo ao conceito de 'irenismo', ou seja, de uma forma lata, a atitude que professa o repúdio por todo tipo de beligerância e uma ilimitada confiança na eficácia do diálogo e do recurso à arbitragem para a resolução dos conflitos que opõem os homens. Todavia, nele encontram também um precursor os europeístas convictos, nas horas que correm senhores indiscutidos dos destinos políticos do velho continente. Igualmente no seu ensinamento se escoram – ou se escoravam, nos dias mais próximos às lufadas de renovação que o Concílio Vaticano II parecia prometer –, alguns sectores da Igreja católica, desejosos de um ajustamento à modernidade e dispostos a um diálogo sincero e despreconcebido com as outras confissões religiosas. Finalmente, a Erasmo recorre ainda um ou outro fóssil jacobino-historicista, com pretensões eruditas e ridiculamente ancorado nas facécias brilhantes com que o génio de Voltaire deflagrava o riso dos nossos pachorrentos sextos avós.

Ora, toda esta convergência de pontos de mira díspares num único homem do século XVI parece, quando muito, certificar-nos da sua 'actualidade' ou da vigência da problemática por ele suscitada. De facto, se limitarmos a nossa atenção apenas à questão da guerra, tão nuclear no pensamento erasmiano, parece que ninguém duvida de que hoje, mais do que nunca, a sobrevivência do ser humano – pelo menos como o conhecemos nos últimos vinte e oito séculos – passa, entre outras coisas, por uma resposta capaz à realidade insofismável da sanguinária animalização do homem, resultado de um estado de guerra permanente em que mutuamente buscam destruir-se vastas parcelas deste pequeno globo. Em que medida e até que ponto a análise e as respostas que Erasmo nos propõe podem adequar-se aos termos em que hoje a questão da guerra e da paz tem de forçosamente colocar-se? Ou seja, as premissas de que parte Erasmo e que determinam a sua solução do problema serão compatíveis com os elementos em que estribamos a nossa?

A resposta a estas interrogações deveria começar por partir de uma ponderação sobre os impulsos e carga de novidade que encerram as respostas que Erasmo dá, não só a este tópico da 'guerra e paz', mas àqueles outros dois temas fulcrais que, juntamente com este, determinam todo o seu pensamento: as *humaniores litterae* (a retórica no sentido mais lato ou, se se preferir e para evitar equívocos, o regresso às letras clássicas restauradas segundo critérios filológicos rigorosos) e a *filosofia de Cristo*. Ora, segundo nos parece, a verdade, no fundo, é que todas estas três grandes causas, pelas quais contínua e denodadamente se bateu este Holandês universal, não significam senão a tentativa de, desatendendo a crueza de um meio cultural, religioso e político que lhe lacerava a sensibilidade super-aguçada, buscar, na restauração de um paraíso perdido no passado remoto, o único clima emotivo que julgava mais conforme com o seu tónus vital.

Bem vistas as coisas, Erasmo não acredita nem no progresso moral nem no progresso intelectual do homem. Desde Cristo e os primeiros cristãos, quanto ao primeiro aspecto, e desde a Roma de Augusto, quanto ao segundo, a história da humanidade tem sido um contínuo processo de decadência.

Se houve progresso, ele deu-se apenas no refinamento cada vez mais diabólico dos maquinismos bélicos com que o género humano vesanicamente se autodestrói.

Como se percebe que lhe sai bem das entranhas da alma este desabafo: *Oxalá que todos os homens se servissem exclusivamente de duas línguas. – E quais são elas? – O grego e o latim!* ([a]) Pense-se também que, ao contrário do que sucedeu com grande parte dos humanistas, Erasmo não só não contribui para o grande impulso que as línguas modernas recebem a partir dos séculos XV e XVI, como até a elas se refere com um desprezo e uma adjectivação tão pejorativa que raiam os lindes da mania ([b]). O latim ou o grego como línguas universais, eis o grande desiderato: note-se, porém, que o que parece importar não é o carácter de universalidade da língua a adoptar, mas o facto de ela vir a ser aquele latim ou aquele grego dos séculos clássicos que haviam sido o objecto dos maus tratos ou olvido de milénio e meio de barbárie. Daí – sem esquecer a importância de critérios estéticos, que sem dúvida também pesariam num homem de tão fino gosto como Erasmo – a sanha contra o latim escolástico, que foi sem dúvida *universal*, mas *mau* latim, ou seja, não estava moldado segundo o cânone dos melhores clássicos da antiguidade, não era um retorno possível a esse éden de harmonia transacta.

No aspecto religioso e moral, que outra coisa é a *filosofia de Cristo* senão um apelo ao retorno a Cristo na essencialidade da sua mensagem, captada nas suas acções e

([a]) "Vtinam uniuersum mortalium genus duabus dumtaxat linguis uteretur! – Quibus? – Graeca et latina." *de recta pronuntiatione, Desiderii Erasmi Roterodami OPERA OMNIA*, Lugduni Batavorum, 1703, T. I col 923 F.

([b]) Curiosamente, as últimas palavras que Erasmo proferiu nesta vida foram ditas no seu neerlandês materno: "ao compreender que o fim da sua vida já estava próximo (...) bradando sem cessar (...) *Lieve God!*, quer dizer *Amado Deus!* , faleceu a 15 de Julho cerca da meia-noite. Não pronunciou outras palavras, mantendo-se lúcido até ao último instante de vida." Beatus Rhenanus, carta a Hermann von Wied, *in* Jacques Chomarat, *Erasme. Oeuvres Choisies*, Paris, Le Livre de Poche, 1991, p. 1022.

no seu verbo, através de um Evangelho expurgado de adições humanas e lido na sua genuinidade literal? Se é certo que Erasmo, ao criticar os abusos, não condena as instituições da Igreja; se é verdade que, sendo implacável na sua sátira do formalismo, propugna do mesmo passo a piedade; se é inquestionável que, ridicularizando e negando qualquer valor às devoções mecânicas, não está a rejeitar simultaneamente a liturgia nem os sacramentos, tão-pouco é menos evidente que a mensagem erasmiana é uma mensagem de *regresso*, um apelo ao passado, um desviar o rosto a uma realidade circundante que o enfada e enoja.

Na problemática da guerra e da paz, objecto primeiro destas desatadas reflexões que aqui propomos, em que bases sustenta Erasmo o mitigado optimismo que, apesar de tudo, subjaz e justifica os textos cuja tradução mais à frente se apresenta? ([c]) Da leitura desses textos, parece poder concluir--se que as incontroláveis forças irracionais e instintivas, que Erasmo classicamente designa por *fúrias* e que se desencadearam no homem a partir de certo momento histórico, surdas às vozes da razão natural, do interesse material e de uma religiosidade meramente exterior constituem um legado incontornável do *homem-carne*, sempre em pugna com o *homem-espírito*. A vitória deste último só poderá conseguir-se mediante a graça, que depende exclusivamente da fé na redenção operada por Cristo e instauradora daquilo que constitui a sua mensagem mais insistente e perdurável: a caridade, a paz, o entendimento, a solidariedade humana, a confiança ilimitada na misericórdia de Deus. Tiradas estas premissas, entregues os homens a si

([c]) Dois lustros volvidos e desenganado pela dura lição dos factos, no diálogo *Caronte*, cuja primeira edição saiu a lume em Colónia, em 1528, Erasmo, com o seu habitual jeito irónico, parece dar de mão a qualquer esperança de pacificação entre os europeus: "*Caronte:* (...) Ouvi dizer que há entre os humanos certo polígrafo que não cessa de escrever contra a guerra e em prol da paz. *Alastor:* (...) No passado escreveu uma *Queixa da paz banida*, mas eis que agora compõe um epitáfio para a paz defunta."

mesmos – à sua razão natural e aos pendores da sua carne –, a paz não passará de uma quimera, e a guerra, com o seu séquito crescente de horrores, subjugará fatalmente todo o mundo.

Por conseguinte, parece-nos evidente que o significado mais profundo do apelo pacifista de Erasmo assenta em premissas e requer disposições morais e espirituais que muito pouco se compaginam com as orientações éticas e ideológicas (se é lícito usar aqui destes adjectivos) hoje prevalecentes. De facto, nos nossos dias, que é, em geral, o irenismo? Quando não passa de uma hipocrisia descabelada em que os poderosos – enquanto preparam o próximo bote – investem a curtíssimo prazo, será que vai além, na melhor das hipóteses, de um vago sentimentalismo de gabinete, em que comungam confrarias de bom-tom, intransigentes na defesa de todas as franquias do instinto, mas contraditoriamente esquecendo que um dos mais antigos, constantes e arreigados de todos eles é precisamente o da guerra?

Se não pela *actualidade*, os dois escritos de Erasmo que irão ler-se valem seguramente como lição de coerência, exemplo de denodo na defesa do que se crê e jóias de apurada arte literária.

2. "*A Guerra*" e a "*Queixa da paz*"

a)

Em 1500, publica Erasmo (*) em Paris uma pequena selecção de oitocentos provérbios comentados, que intitula *Adagiorum collectanea,* obra com a qual lança as bases da imensa popularidade de que gozou durante o resto da sua vida. Esta obra irá ser, ao longo dos anos, objecto de sucessivas edições, sempre aumentadas, quer pelo número dos adágios recolhidos, quer pelos acrescentos que o autor

(*) Apesar de a vida de Erasmo não apresentar acontecimentos que se assinalem no plano exterior, o interessado poderá ler uma excelente biografia no livro de Bainton que referenciamos na *Bibliografia*.

constantemente fazia aos desenvolvimentos que acompanhavam os já coligidos. A edição definitiva, publicada pelo editor Froben, em Basileia, pouco depois da morte de Erasmo, recolhe o incrível número de 4151 rifões.

Sobre o que Erasmo entendia por provérbio, nada melhor do que ler a definição que ele dá: "O provérbio é uma frase que se espalhou e tornou conhecida por conter algo de original" ([d]). Com os *Adágios* pretendia Erasmo apresentar uma súmula da sabedoria antiga, uma antologia que reunisse os melhores troços dos autores clássicos e uma espécie de enciclopédia da antiguidade greco-latina, tanto do ponto de vista das instituições como do saber em geral. Pode compreender-se como, num século tão sedento desta espécie de conhecimentos como era o XVI, esta obra tenha alcançado e trazido ao seu autor uma popularidade hoje dificilmente imaginável.

Mais importante para nós, porém, é o facto de Erasmo ter feito de alguns dos provérbios o pretexto para escrever verdadeiros ensaios independentes sobre os temas que lhe eram mais caros. Neste caso se encontra o adágio 3001, que abre a quarta quilíada e a primeira centúria desta vastíssima colecção paremiológica e que é o mais estruturado e conhecido dos muitos textos que Erasmo consagrou à temática irénica. Surgiu pela primeira vez na edição de 1515 dos *Adagia* –, definida por Margaret Mann-Philips como "the Utopian Edition", aludindo assim não apenas ao estreitamento das relações pessoais entre o Holandês e Tomás Moro, como à marca acentuadamente política que Erasmo dá aos importantes novos textos com que enriquece esta edição ([e]): além do *Dulce bellum*, imprimem-se agora pela

([d]) "Paroemia est celebre dictum, scita quaepiam nouitate insigne", *apud* Jacques Chomarat, *Grammaire et rhétorique chez Erasme*, Paris, Belles-Lettres, 1981, p. 772. – Vejam-se os desenvolvimentos que este estudioso consagra ao tema nas pp. 761 – 762 do mesmo livro.

([e]) Margaret Mann-Phillips, *The Adages of Erasmus. A study with translations*, Cambridge, Cambridge University Press, 1964, cap. IV.

primeira vez o *Scarabeus aquilam quaerit*, o *Aut regem aut fatuum nasci oportet*, o *Spartam nactus es, hanc orna* e o *Tributum a mortuo exigere*.

O êxito do *Dulce bellum* foi imediato, justificando tiragens separadas logo a partir de 1517 – com o simples título de *Bellum* – e traduções ainda em vida do autor: para alemão (1519) e inglês (1533-34) ([f]). Nas edições que se sucederam deste revolucionário texto, Erasmo foi-o enriquecendo com sucessivas e por vezes importantes adições ([g]).

b)

A *Queixa da paz* é publicada pela primeira vez, em Basileia e pelo editor Froben, em Dezembro de 1517. No ano anterior, Erasmo fora nomeado conselheiro do príncipe Carlos, que, ao ducado da Borgonha juntava, desde 23 de Janeiro, a coroa de rei de Espanha. É o próprio Erasmo quem nos informa acerca das circunstâncias que estão na origem deste texto, através de uma passagem da carta que, a 30 de Janeiro de 1523, dirigiu ao amigo João Botzheim, carta conhecida, pelas informações bibliográficas que contém, como *Catalogus lucubrationum:*

> "Escrevi a *Queixa da paz* há cerca de sete anos, quando fui convidado pela primeira vez para a corte do príncipe. Faziam-se então grandes aprestos em Cambrai para uma conferência que reuniria os maiores príncipes do mundo – o imperador, o rei de França, o rei de Inglaterra, o nosso Carlos –, a fim de selarem entre si a paz com laços de aço, como é costume dizer-se. À testa desta acção diplomática

([f]) Marcel Bataillon, "Un extremo del irenismo erasmiano en el adagio *Bellum*", *Erasmo y el erasmismo*, Barcelona, Editorial Crítica, 1983, p. 67.

([g]) Disto também claramente nos demos conta, ao fazer o cotejo entre a versão definitiva – que é a seguida pela edição de Leida, base da nossa tradução – e uma edição avulsa existente na Biblioteca Nacional de Lisboa, *Res 5293 P*, editada em Paris, *apud Simonem Colinaeum*, sob o título de *Bellum*.

achavam-se o ilustre Guilherme de Chièvres e João Le Sauvage ([h]), grande chanceler, vocacionado para o serviço do Estado. Opunham-se a este projecto aqueles que não viam nenhuma vantagem em que reinasse a tranquilidade, aqueles que, segundo a expressão de Filóxeno, (...) preferem de longe uma paz que não seja uma paz, uma guerra que não seja uma guerra. Foi assim que, a pedido de João Le Sauvage, escrevi a *Queixa da paz*. As coisas de facto encaminharam-se de tal sorte que teria sido mais acertado escrever *O epitáfio da paz* ([i]), pois não restam quaisquer esperanças de que ela possa escapar com vida." ([j])

Convém lembrar que, sempre fiel à sua vocação de mestre de retórica e gramático, Erasmo incluiu a *Queixa da paz* no subgénero da '*declamatio*', no qual se inclui, por exemplo, a sua obra mais conhecida *Elogio da loucura*: ambas têm em comum o facto de nos apresentarem como responsáveis pelo discurso duas personagens alegóricas ([l]).

Como o leitor facilmente se dará conta, há muitos pontos de contacto e semelhanças de desenvolvimento entre os dois textos antibelicistas que aqui se reúnem. Um pormenor que não deixará de chocar, é a insistente referência em ambos à figura do papa Júlio II e a nada velada repugnância com que Erasmo no-lo apresenta. Sabemos que, durante a sua estadia em Itália, Erasmo assistira, em Novembro de 1506, à entrada triunfal que o papa Róvere, em adereços de general romano, fizera na cidade recém rendida às tropas pontifícias. O espectáculo marcou-o para sempre e, se parece exagerado afirmar que "it was Julius II who turned Erasmus into a

---

([h]) Ambos ao serviço de Carlos.

([i]) Cf. *supra* nota (c).

([j]) *Apud Erasme*, édition établie par Claude Blum, André Godin, Jean-Claude Margolin et Daniel Ménager, Paris, Robert Laffont, 1992, p. 909.

([l]) " (...) proposons une définition de la déclamation humaniste: essai, sur une question de morale, où se déploie la fantaisie de l' auteur, et où il fait montre de sa capacité à argumenter dans des sens opposées, sans chercher à conclure de façon dogmatique." Jacques Chomarat, *op. cit.* na nota (d).

pacifist" ([m]), pelo menos deve ter dado um alento de indignação mais incendiada a uma repulsa que parece vir da mais tenra infância.

3. Erasmo e Portugal

a) *D. Jerónimo Osório – breve apontamento*

Não cremos que seja exagerado afirmar que, de todos os países ocidentais com algum relevo cultural no século XVI, Portugal foi aquele que se mostrou mais insensível ao magistério erasmiano. Sem pretendermos negar a mais ou menos evidente influência do roterdamês sobre algumas figuras de primeira linha do nosso quinhentismo literário – pensamos sobretudo em João de Barros, André de Resende e Damião de Góis –, parece-nos que aquele que então se pode considerar como o nosso escol intelectual partilha de uma quase unanimidade no repúdio pelas posturas religiosa e moral que configuram de forma mais característica o pensamento de Erasmo. Desde a quase indiferença manifestada pelo monarca lusitano – cujo procedimento destoa das contínuas mostras de deferência dadas pelos seus pares europeus –, até à atrabiliária animosidade com que o tratou uma figura da importância humanística de Aires Barbosa, passando pelos votos condenatórios de quase todos os participantes portugueses presentes à reunião de teólogos, reunida em 1527, em Valhadolide, por iniciativa de Carlos V e destinada a pronunciar-se sobre a ortodoxia de algumas das suas proposições, a verdade é que Erasmo, enquanto vivo, não despertou entre os nossos conterrâneos a admiração de amplos sectores de opinião, contrariamente ao que por algum tempo sucedeu na restante Europa católica, a ponto de

([m]) Margaret Mann-Phillips, *op. cit.* , p. 105.

justificar a oferta que, em Agosto de 1535, o papa Paulo III lhe fez do barrete cardinalício (n).

Depois da morte de Erasmo, em 1536, e antes de o *Index* de Paulo IV proibir as suas obras em 1559, vamos encontrar em Jerónimo Osório uma mostra do espírito avesso com que uma das nossas personalidades quinhentistas mais culturalmente representativas olhou um dos aspectos mais representativos e inovadores do pensamento de Erasmo: o irenismo. Ao publicar, em 1542, com o título de *De nobilitate ciuili et christiana*, o seu primeiro livro, aquele que viria a consagrar-se como o autor português mais editado do século XVI e a merecer, pela pureza do latim que manejava, o epíteto de *Cícero lusitano*, pretendeu provar, entre outras coisas, que Maquiavel não tinha razão, quando dizia que o espírito cristão era culpado pelo entibiamento de carácter e pelo desaparecimento de intrepidez militar que estiveram na génese da decadência do império romano. Na sequência da refutação a que fogosamente se entrega, Osório julga-se obrigado a: "impugnar o raciocínio daqueles que cobriram de maldições toda a sorte de milícia, apodando-a de actividade ímpia e pecaminosa, em contradição com os preceitos de Cristo" (o).

Sem nunca citar nomes, Osório, da p. 496 à p. 500 da edição que seguimos, vai sucessivamente apresentando os argumentos, para em seguida os rebater, daqueles que, do seu ponto de vista, pretensamente se fundam nas Escrituras

(n) Pode encontrar-se uma síntese inteligente das marcas de Erasmo no século XVI português nas páginas que o Prof. A. Costa Ramalho escreveu como prefácio à edição portuguesa do livro de Roland Baiton, *Erasmo da Cristandade*, Lisboa, Fundação Calouste Gulbenkian, 1988, pp. VII-XXIII.

(o) "Refutare qui uniuersum militiae genus ut rem impiam atque sceleratam Christique praeceptis aduersantem exsecrantur." *Hieronymi Osorii Lusitani (...) de nobilitate ciuili et christiana libri V*, Basileia, *apud Petrum Pernam* , 1573, pp. 495 – 496. – As citações do texto osoriano passarão a ser feitas a partir desta edição. O leitor interessado neste tema poderá consultar a tradução que fizemos deste livro, publicada sob o título de: D. Jerónimo Osório, *Tratados da nobreza civil e cristã. Tradução, introdução e anotações de A. Guimarães Pinto*, Lisboa, Imprensa Nacional – Casa da Moeda, 1996.

para condenarem todo o tipo de guerra como uma actividade em contradição com o cristianismo. Limitar-nos-emos aqui a citar as objecções que Osório atribui aos inominados impugnadores, pondo-as em relação com um passo do *Dulce bellum* que, segundo cremos, é o alvo do ataque osoriano:

> "A lei antiga continha muitos preceitos que mais cumpria tolerar atendendo à época do que celebrar pelo seu merecimento – como era o caso do divórcio ou da onzena com os estrangeiros" (p. 496); "*Objectam-nos também com* a circuncisão e com a imolação dos cordeiros: rituais inveterados que outrora se respeitavam com sumo acatamento e que, após a vinda de Cristo, deixaram de praticar-se" (pp. 496-497); "Que temos nós que ver com os antigos exemplos? (...) Pois se esses que alegais eram hebreus, enquanto nós somos cristãos?" (pp. 499 – 500) ([p]);

compare-se com:

> "Contudo, se parece tão bem o exemplo dos judeus, por que não procedemos como eles? Por que não nos circuncidamos? Por que não imolamos reses? Por que não nos abstemos de carne de porco? Por que não casa cada um de nós com várias mulheres? Se abominamos estas usanças, por que razão nos apraz somente o exemplo da guerra? Enfim, por que é que neste caso seguimos a letra que mata? Aos judeus foi permitida a guerra, assim como o repúdio da mulher, mas certamente porque se atendeu à dureza do entendimento" (*infra*, p. 57) ([q]).

([p]) "Multa fuisse in antiqua lege contenta, quae tamen erant magis temporis causa ferenda quam laude celebranda: ut facere divortium, ut exteris gentibus foenerari"; "obiiciunt nobis circumcisionem, agni immolationem, antiqua sacrificia, quae summa olim religione servabantur et post Christi adventum coli desierunt"; "Quid nobis, (...), cum illius vetustatis exemplis? Illi quidem Hebraei fuerunt: nos vero christiani sumus."

([q]) "Quamquam si usque adeo placet exemplum Iudaeorum, quin eadem opera?

Aliás, a pouca simpatia que Erasmo despertava em Osório ressuma claramente da única referência opinativa clara que – ao que julgamos – lhe fez em toda a sua vasta obra latina:

> "A minha admiração por Erasmo não é tão grande que me force a apoiar o seu testemunho em todas as matérias. Sei, todavia, que Erasmo escreveu contra Lutero, ainda que não tão violentamente quanto o assunto exigia. A verdade é que se arreceava da loucura e dos insultos de tal homem" ([r]).

b) *A nossa edição*

Com a inclusão do nome de Erasmo em todos os *Índices* expurgatórios que passaram a "velar" pela pureza da fé católica lusitana praticamente até ao século XIX, não espanta que o nome do pensador de Roterdão se tornasse para os nossos compatriotas algo de muitíssimo vago. Nada, ou muito pouco, se tem feito para melhorar este vergonhoso estado de coisas. Bastará dizer que, pelas informações que temos, a versão que hoje sai a lume é a primeira que se faz em Portugal, directamente do latim, de textos erasmianos de alguma extensão ([s]).

Praeputium recidimus? Quin immolamus pecudes? Quin abstinemus a carne suilla? Cur non ducimus singuli plures uxores? Cum haec exsecremur, cur solum bellandi placet exemplum? Cur hic denique litteram sequimur occidentem? Iudaeis permissum est bellum, sed ita quemadmodum et repudium, nimirum ob duritiam ingenii." Col 963 B.

(r) "Non sic Erasmum admiror, ut sit mihi necesse in omnibus rebus illius testimonio suffragari. Scio tamen Erasmum contra Lutherum scripsisse, non tamen adeo vehementer atque causa flagitabat. Hominis namque furorem et convicia metuebat." *Amplissimi (...) Hieronymi Osorii, episcopi silvensis, in Gualterum Haddonum (...) libri tres*, Lisboa, Francisco Correia, 1567, f. 27. – O contexto de controvérsia em que se faz esta referência – que vem como que imposta pela argumentação do antagonista protestante –, torna ainda mais significativas as reticências e reservas com que o nome do Holandês é citado.

(s) Sensíveis, por agora, ao espírito de pacificação propugnado pelo nosso autor, achamos conveniente lançar uma caridosa mortalha de silêncio sobre os traslados do francês ou do inglês que por aí correm com o nome de Erasmo.

Pela nossa parte, fazemos votos por que não se cumpra em nós a crítica que José Agostinho de Macedo irrogou sobre certas traduções, quando as acusa de serem uma "enfiada tediosa de testemunhos falsos levantados aos originais"([s]).

Para a tradução, seguimos o texto latino das obras completas de Erasmo, publicadas graças à diligência de J. Clericus entre 1703 e 1706, sob o título de *Desiderii Erasmi Roterodami opera omnia emendatiora et auctiora, ad optimas editiones praecipue quas ipse Erasmus postremo curavit, summa fide exacta doctorumque virorum notis illustrata, in decem tomos distincta, Lugduni Batavorum, cura et impensis Petri Vanderaa.*

O texto que designamos por *A guerra*, intitula-se em latim *Dulce bellum inexpertis* e ocupa as colunas 951 a 970 do tomo II.

O texto da *Queixa da paz,* intitulado em latim *Querela pacis*, vai da coluna 625 à 642 do tomo IV.

Foram-nos de grande préstimo algumas das notas que enriquecem as traduções francesas de Y. Rémy e R. Dunil-Marquebreucq, para o primeiro texto, e Elise Constantinescu Bagdat e Jean-Claude Margolin, para o segundo. Ambas as versões se acham incluídas no volume *Guerre et paix,* referenciado na *Bibliografia*, obra que enfeixa a maior parte dos textos de Erasmo de temática irénica.

([s]) José Agostinho de Macedo, *Motim literário em forma de solilóquios*, tomo I, Lisboa, 1841, p. 23.

BIBLIOGRAFIA

Da ingente bibliografia erasmiana, limitar-nos-emos a apontar aqui aquelas obras que julgamos essenciais para uma primeira abordagem do autor por parte de um leitor não especializado e mais particularmente interessado na temática irénica:

a) antologias:

ERASME, *Oeuvres choisies, Présentation, traduction et annotations de Jacques Chomarat*, Paris, Le Livre de Poche, 1991;

ERASME, *Élogie de la folie. Adages. Colloques. Réflexions sur l' art, l' éducation, la religion, la guerre, la philosophie. Correspondance, Édition établie par Claude Blum, André Godin, Jean-Claude Margolin et Daniel Ménager*, Paris, Robert Laffont, 1992;

ERASME, *Guerre et paix, Introduction, choix de textes, commentaires et notes par Jean-Claude Margolin*, Paris, Aubier Montaigne, 1973;

b) obras de carácter geral:

BAINTON, Roland H. , *Erasmo da cristandade*, Lisboa, Fundação Calouste Gulbenkian, 1988;

HALKIN, Léon-E., *Erasme parmi nous*, Paris, Fayard, 1987;

McCONICA, James, *Erasmus*, no volume colectivo *Renaissance thinkers*, Oxford, Oxford University Press, 1993;

c) Erasmo e a cultura portuguesa:

BATAILLON, Marcel, *Etudes sur le Portugal au temps de l' humanisme*, Paris, Fundação Calouste Gulbenkian – Centro Cultural Português, 1974;

ID., *Erasmo y el erasmismo*, Barcelona, Editorial Crítica, 1983;

ID., *Erasmo y e España*, Madrid, Fondo de Cultura Económica, 1991;

MARTINS, J. V. de Pina, *Humanismo e erasmismo na cultura portuguesa do século XVI*, Paris, Fundação Calouste Gulbenkian-Centro Cultural Português, 1973;

RAMALHO, Américo Costa, *Prefácio* da tradução portuguesa do livro de Roland H. Bainton referenciado *supra.*

A GUERRA

A guerra é doce para quem não a experimentou

Γλυκὺς ἀπείρῳ πόλεμος, ou seja, *a guerra é doce para quem não a experimentou,* é ditado não só dos mais elegantes, como também amiudadamente citado nas obras de muitos autores. Vegécio, no livro *Sobre a milícia*, III, cap. XIV ([1]), cita-o da forma seguinte: "E não confies demasiado se o soldado bisonho tem vivo desejo de combater, pois a luta é doce para os que não a experimentaram". Está a aludir ao seguinte passo de Píndaro: Γλυκύ ἐστι πόλεως ἀπείροισιν, ἐμπείρων δέ τις ταρβεῖ προσιόντα νιν καρδίᾳ περισσῶς, isto é, "*A guerra é doce para os que não a experimentaram,* mas, caso lhe acuda à memória, assusta desmedidamente quem quer que seja que a conheça" ([2]). Nos negócios dos mortais há certas coisas cujo grande perigo e carácter daninho só se podem compreender depois de conhecidas pela experiência: "Cortejar o amigo poderoso,

([1]) Lapso de Erasmo na indicação do capítulo, que de facto é o 12º e não o 14º.

([2]) Uma judiciosa anotação de pé-de-página, sotoposta ao texto da edição de Leyde, assinada por H. Stephanus, corrige do seguinte modo a versão erasmiana do original de Píndaro: "*mas, caso lhe acuda à memória, assusta* ... - no texto grego o dativo καρδίᾳ liga-se a ταρβεῖ, e não a προσιόντα; por isso, convém trasladar assim: *mas assusta desmedidamente quem quer que a conheça, caso dela se aproxime*".

doce parece aos que não tiveram essa experiência: teme-a o que a viveu" ([3]). Parece coisa encantadora e honrosa acotovelar-se com os grandes da corte e ocupar-se em negócios do rei, mas os velhos, que adquiriram pela experiência um conhecimento aprofundado do assunto, é de bom grado que se abstêm desta felicidade. Estar apaixonado por uma rapariga parece agradável, mas só àqueles que ainda não experimentaram quanta amargura se contém no amor.

Poderá igualmente este rifão aplicar-se a qualquer actividade que acarrete consigo muito perigo e muitos males, de que ninguém se quer ocupar, a não ser alguma pessoa jovem e sem experiência das coisas. Com efeito, Aristóteles, na *Retórica* ([4]), alega como causa de a mocidade ser mais audaz, enquanto a velhice, ao invés, é mais timorata, o facto de o desconhecimento das coisas ocasionar nos jovens o atrevimento, ao passo que a experiência de muitos males provoca nos velhos timidez e hesitação. Ora, se nos negócios dos mortais existe algo que convenha empreender com cautela, ou melhor, que por todas as vias seja necessário fugir, afastar e repelir, sem dúvida que tal coisa é a guerra, que é o que há de mais ímpio, mais calamitoso, mais largamente pernicioso, ou que se aferra mais tenazmente, ou mais abominável ou mais inteiramente indigno do homem, para já não dizer de um cristão. Mas é coisa extraordinária de se dizer o quanto por toda a parte e com quanta ligeireza e como por qualquer pretexto hoje se empreende a guerra, quão desalmada e barbaramente se faz, não só pelos pagãos, mas também pelos cristãos; e não apenas pelos leigos, mas igualmente por sacerdotes e bispos; e não somente por jovens e inexperientes, como do mesmo modo por velhos e homens de experiência; e não unicamente por plebeus e pelo vulgo de natureza voltária, mas muito especialmente pelos

([3]) Horácio, *Epis* I. 18. 86 - 87.

([4]) II. 12. 9; II. 13. 7.

príncipes, cujo dever era aquietar com o seu discernimento e bom senso os movimentos temerários da turba insensata. E não faltam jurisconsultos e teólogos que lançam achas àqueles fogos abomináveis e – conforme diz o ditado – *lançam sobre eles água fria* ([5]). De tudo isto resulta que hoje a guerra a tal ponto foi aceite, que os homens se admiram de que haja alguém a quem ela não agrade. A tal ponto foi aprovada, que é impiedade e, quase o diria, heresia, ter desaprovado a mais criminosa e mais desgraçada de todas as coisas. Mas quanto mais justo não era espantar-se com ela! Que ruim divindade, que flagelo, que furores, que Fúria terão pela primeira vez introduzido na mente do homem uma coisa a tal ponto bestial, que aquele pacífico animal, que a natureza gerou para a paz e benevolência e que foi o único criado para a salvaguarda de todos, com dementada desordem se precipitasse em recíproca destruição? Ainda mais se espantará com ela quem quer que, deixando as opiniões aceites pelo vulgo, dirigir os olhos da mente para a análise da própria essência e natureza das coisas, e, por uns momentos, com olhar filosófico, atentar separadamente, por um lado na imagem do homem e, por outro, na figuração da guerra.

Ora, antes de mais, se alguém considera tão só a aparência e forma do corpo humano, porventura não se dará imediatamente conta de que a natureza, ou antes, Deus, criou este animal não para a guerra, mas para a amizade, não para a carnificina, mas para a salvação, não para a injustiça, mas para a benevolência? De facto, muniu cada um dos restantes seres vivos com as suas respectivas armas. Armou de chifres a impetuosidade dos touros, de garras a fúria dos leões.

([5]) Erasmo, no *Adágio 951* , explica esta expressão proverbial, citada por Plauto na *Cistellaria*, referindo-a ao costume de aspergir com água os cavalos antes das corridas, para assim lhes avivar a fogosidade.

Implantou presas homicidas nas queixadas dos javardos. Aos elefantes, além da pele e da corpulência, deu-lhes também a protecção da tromba. Fortificou o crocodilo com revestimentos semelhantes a lâminas. Dotou os golfinhos de barbatanas, como substitutos de armas. Defendeu o porco-espinho com picos e a raia com acúleos. Colocou nos galos esporões. A uns, fortificou-os com conchas, a outros com couro e a outros com casca. Há aqueles por cuja salvação velou dando-lhes a rapidez: tais as pombas. Existem, por outro lado, aqueles aos quais deu peçonha, em vez de armas. A estes ajuntou uma aparência assustadora e feroz, ajuntou-lhes olhos ameaçadores e o silvo da voz. Inculcou-lhes um instinto de apartamento. Só ao homem criou nu, fraco, delicado, desarmado, de carne tenríssima e de pele fina ([6]). Não tem em nenhuma parte dos membros nada que possa parecer ter sido dado para a luta ou para a violência, já para não dizer que os demais animais quase logo que nascem bastam-se a si mesmos para olharem pela sua vida: só o homem se mostra com uma natureza tal que durante muito tempo depende inteiramente da protecção alheia. Nem sabe falar, nem andar, nem tomar alimento, limitando-se a pedir ajuda mediante o vagido: para que até daqui se possa inferir que este é o único animal que nasce inteiramente para a amizade, a qual principalmente se ata e liga através de serviços recíprocos. Por isso a natureza quis que o homem creditasse a dádiva da vida não só a si mesmo, mas igualmente à benevolência, para que naturalmente entendesse que tinha sido votado à boa harmonia e à amizade. Não lhe deu uma aparência repugnante e assustadora, como aos restantes animais, mas gentil e aprazível, que leva gravados em si indícios de amor e benevolência. Concedeu-lhe olhos benévolos e nestes sinais da alma. Deu-lhe a concavidade dos braços para abraçar. Deu-lhe a sensação do beijo, a fim

([6]) Cf. Platão, *Protágoras*, 320c - 323.

de que as almas como que se ajuntem e toquem. Só a ele concedeu o riso, sinal de alegria. Só a ele lágrimas, símbolo da clemência e da misericórdia. E o que é mais, deu-lhe uma voz, não ameaçadora e temível, como a das feras, mas amorável e branda.

E não satisfeita com estas coisas, a natureza apenas ao homem concedeu o uso da linguagem e da razão, as quais é indisputável que sobremaneira servem para preparar e fomentar a benevolência, para que absolutamente nada entre os homens se resolva através da força. Inculcou nele o ódio pela solidão e o amor da convivência. Incutiu-lhe profundas sementes de benevolência. Fez com que aquilo que é mais salutar fosse do mesmo passo mais agradável. Pois: que existe de mais deleitável do que um amigo? E, por outro lado, que seja do mesmo passo necessário? Por conseguinte, se de todo fosse possível viver bem prescindindo de relações mútuas, não obstante isso nada poderia parecer agradável sem um companheiro, a menos que alguém se tenha por inteiro despojado da natureza humana e degenerado em alimária. Além disso, ajuntou o gosto pelas disciplinas liberais e a ânsia de saber: coisas estas que, assim como são as mais poderosas para desviarem o engenho do homem de toda a violência, assim têm uma grande força para conciliar vínculos de amizade. Com efeito, nem o parentesco nem os laços de sangue ligam as almas com vínculos mais apertados ou mais firmes de amizade do que o faz a comunidade nos estudos generosos. Demais disto, repartiu entre os mortais, com uma variedade verdadeiramente admirável, quer os dotes espirituais, quer os corporais, seguramente para que as pessoas encontrem umas nas outras, quer aquilo que amam e admiram pela sua excelência, quer o que pretendem e estimam devido à sua utilidade e necessidade. Por derradeiro, introduziu-lhes uma centelhazinha de mente divina, de forma tal que, até sem esperança de alguma recompensa, o fazer bem a todos só por si lhes é agradável, pois é muitíssimo próprio de Deus e faz parte da Sua natureza por tudo prover através dos Seus benefícios. De resto, por que razão é que não é pequeno o prazer que sentimos na alma quando temos consciência de que alguém foi salvo por nós? E se uma pessoa ama outra é precisamente porque a ela ficou moralmente vinculada por algum benefício singular. Assim Deus colocou o homem neste mundo como uma espécie de imagem Sua, para que velasse pela salvaguarda de todas as coisas, como se se tratasse de uma divindade terrena. Até os próprios irracionais se dão conta disto, pois vemos que não só animais mansos, como igualmente os leopardos e leões, e feras mais sanguinárias do que estas, nos grandes perigos recorrem à ajuda do homem. É este o derradeiro refúgio e o sacratíssimo asilo de todos, é este um valhacouto cujo acesso não é defeso a ninguém.

Bem ou mal, pintámos a imagem do homem. Agora, se vos praz, punhamos em face desta a representação da guerra. Por conseguinte, imagina que já vês por diante os asselvajados esquadrões, assustadores pela própria aparência e pela grita da voz, as azes férreas dispostas em linha de batalha de ambos os lados, o formidável estrépito e fulgor simultâneos das armas: o rugido medonho de uma tão grande turba, a catadura ameaçadora, as trombetas roucas, os hinos terríveis do assalto, os trovões das bombardas, não menos assustadores do que os naturais, mas mais nocivos; a gritaria tresloucada, o arremeter furioso, as ferozes cutiladas, as cruéis alternativas de sorte dos que tombam e dos que matam, os mortos amontoados, os campos inundados com a sangueira, os rios tintos com o sangue dos homens. Entretanto, por vezes sucede que o irmão se lança contra o irmão, o parente contra o parente, o amigo contra o amigo, e até, arrebatado pela demência generalizada, retalha com o ferro as vísceras daquele pelo qual nem de palavra alguma vez tinha sido agredido. Enfim, aquela tragédia tem tão grande cópia de males que o peito humano até sente repugnância em evocá-la.

Isto para já não aludir às consequências funestas que normalmente são causadas pelas guerras: searas taladas por toda a parte, herdades incendiadas, aldeias abrasadas, gado roubado, donzelas estupradas, velhos arrastados para o cativeiro, templos pilhados, tudo perturbado e cheio de violência com latrocínios e rapinas. E para não falar naquelas coisas que costumam seguir-se mesmo a uma guerra afortunadíssima e muito justa. A plebe saqueada, a nobreza oprimida, tantos anciãos ao desamparo – padecendo com o assassínio dos filhos uma morte mais desventurada do que se o inimigo suprimisse juntamente com a vida a consciência do mal–, tantas velhas abandonadas e reduzidas ao aniquilamento mais cruelmente do que pelo ferro, tantos órfãos, tantos lares enlutados, tantos ricos reduzidos à pobreza. Ora, para quê falar da ruína dos costumes, quando é certo que ninguém ignora que tudo quanto há de mau na vida procede, em última instância, da guerra? Dela nascem o menosprezo da piedade, a negligência das leis, uma disposição de ânimo pronta a atrever-se a qualquer sorte de crime. Desta fonte jorra para nós uma tão imensa multidão de ladrões, salteadores, profanadores e assassinos. E o mais grave de tudo é que esta peste tão perniciosa não sabe manter-se nos seus limites, mas, nascendo em algum canto afastado, não só alastra como uma epidemia pelas regiões fronteiriças, mas também, quer com miras no lucro, quer em razão de tratados ou laços de parentesco, arrasta as zonas apartadas para o tumulto generalizado e ruína das coisas. E o que é mais, a guerra sucede à guerra, do simulado nasce o verdadeiro, do muito pequeno o maior, e não é raro suceder com ela aquilo que se contou acerca da hidra de Lerna ([7]).

([7]) Monstro assolador da região lacustre onde vivia e cuja eliminação constitui um dos 'trabalhos de Hércules'.

Penso que foi por estes motivos que aqueles antigos poetas que, com grande sagacidade, compreenderam e pintaram, com apropriadíssimas ficções, a essência e natureza das coisas, contaram que a guerra se soltou dos Infernos, e isto por mediação das fúrias, não sendo uma fúria qualquer a idónea para a realização cabal desta acção. Escolhe-se a mais perniciosa de todas:

> " a qual tem nomes mil,
> mil artes de empecer". ([8])

Esta, armada com inúmeras cobras, toca uma trombeta tartárea; Pã enche com uma confusão insana tudo quanto existe; Belona agita o violento azorrague; a Demência impiedosa, depois de desfeitos os laços de toda a espécie de vínculos, voeja medonha com a boca cheia de sangue. E os gramáticos não deixaram de reconhecer isto, alguns dos quais pretendem que é κατ'ἀντίφρασιν ([9]) que se chama *bellum* à guerra, porque nada tem de bom nem de *belo*, sendo a guerra *bela* pelo mesmo motivo que leva a chamar *Euménides* ([10]) às fúrias. Outros preferem acostar-se à opinião de que a palavra *bellum* se derivou de *belua* ([11]), visto como é próprio de feras, e não de homens, lutarem uns contra os outros para se destruírem. Mas eu acho que é muito mais do que ferocidade e bestialidade defrontar-se com armas. Pois, primeiramente, na sua maior parte, os animais selvagens vivem em harmonia e concórdia com os membros da respectiva espécie, andam em grupo, protegem-se com ajudas

([8]) Virgílio, *En* VII. 337-338.
([9]) *Por antífrase*: em grego no original. Por 'gramáticos' entenda-se aqui 'filólogos'. Não é preciso lembrar que a etimologia proposta para o termo latino que significa 'guerra' (*bellum)* não passa de pura fantasia.
([10]) Nome que significa *Benévolas* em grego.
([11]) Fera, animal, besta-fera.

mútuas. Tão-pouco todos os animais selvagens lutam – pois existem também os que são inofensivos, como as corças e as lebres –, mas só o fazem os mais ferozes de todos, tais como os leões, os lobos e os tigres. Conquanto nem mesmo estes combatam entre si, ao contrário do que nós fazemos. O cão não come carne de cão; a ferocidade dos leões não se ensanha contra os indivíduos da mesma espécie; a serpente vive em paz com a serpente: em meio das peçonhas estão de boas avenças. Porém, não há fera mais nociva ao homem do que o próprio homem. E, além disso, aquelas feras, quando lutam, lutam com as suas próprias armas: nós, não satisfeitos com as da natureza, para a destruição de seres humanos aparelhamos homens com armas inventadas por arte dos Demónios. Tampouco aquelas feras se encarniçam por qualquer motivo, mas só quando a fome as incita à violência, ou no caso de se sentirem atacadas, ou quando temem pelas suas crias. Nós, santo Deus!, que tragédias de guerras fazemos nascer de motivos tão fúteis. Por mor de frivolíssimos títulos de posse, por mor de uma cólera pueril, por mor de uma mulherzinha raptada, por mor de causas muito mais irrisórias do que estas. Demais, entre as feras o conflito trava-se de indivíduo contra indivíduo, e é brevíssimo. E, ainda que o combate seja muito violento, assim que uma delas é ferida, afasta-se. Quando é que se ouviu – coisa que por toda a parte fazem os humanos – que cem mil animais selvagens se mataram golpeando-se uns aos outros? Acrescentemos que, quando certos animais selvagens têm algum conflito instintivo com outros de espécie diferente, as coisas não se passam assim relativamente àqueles com que estão estreitamente ligados por uma amizade inata e firme. Mas é perpétua a guerra que o homem tem com o homem, e a de quem quer que seja contra outrem, não existindo uma aliança bastante firme entre nenhuns mortais: tanto é verdade que qualquer coisa que se desviou da sua natureza degenera numa espécie mais ruim do que se a natureza tivesse inculcado de nascença a perversidade.

Queres saber como a guerra é ferina, como é horrorosa e como é indigna do homem? Já assististe alguma vez a um combate de um leão com um urso? Que goelas escancaradas, que rugidos, que urros, que ferocidade, que dentadas! Até horroriza quem vê em segurança. Mas como é espectáculo muito mais medonho e muito mais cruel ver um homem, munido com tão grande número de armas ofensivas e defensivas, bater-se com outro homem? Pergunto-te: quem acreditaria que são homens, se a habituação ao mal não tivesse feito desaparecer o espanto? Os olhos deitam chispas, os rostos empalidecem, a investida corre na zaga da raiva, há ranger de dentes nas vozes, gritaria tresloucada, os homens estão inteiramente cobertos de ferro, retinem as armas, trovejam as bombardas. Seria mais tolerável se o homem devorasse o homem e lhe bebesse o sangue por causa do alimento: ainda que alguns tenham chegado também a fazer por ódio aquilo que fariam com maior desculpa a necessidade ou a fatalidade. Mas agora faz-se o mesmo com mais crueldade, usando de frechas ervadas e maquinismos infernais. Não há parte alguma qualquer vestígio de humanidade.

Nestas circunstâncias, acreditar-se-ia porventura que a própria natureza consiga reconhecer aquilo que criou? E se alguém o relembrar, não é cheia de razão que há-de execrar com as palavras seguintes um procedimento tão impiedoso?

"– Que espectáculo inaudito é este a que assisto? Que Inferno nos engendrou esta monstruosidade? Há quem me chame madrasta porque produzi certos venenos no meio de uma tão imensa quantidade de coisas, ainda que até estes hão-de redundar em proveito dos homens: ou porque criei alguns seres vivos pouco tratáveis, conquanto não exista nenhuma fera tão intratável que não possa ser amansada por meio de artifícios e trabalho. Pela diligência humana amansam-se os leões, domesticam-se as serpentes, os ursos tornam-se obedientes. Finalmente, quem é esta mais do que madrasta, que nos deu esta nova espécie de besta-fera, ruína do mundo inteiro? Dei à luz só um animal por inteiro dado à benevolência, pacífico e amistoso. Que aconteceu, para que tenha degenerado numa fera desta espécie? Nada reconheço daquele homem que moldei. Que perversa divindade abastardou a minha obra? Que feiticeira encantou a mente humana e lhe deu uma forma bestial? Que Circe lhe mudou a forma original? Ordenaria que a desventurada se olhasse a um espelho: mas que podem ver os olhos, quando se carece de entendimento? Sem embargo, ó dementado guerreiro, se consegues, olha bem para ti mesmo, se de algum modo tens a sorte de cair em ti. Donde te vem o ameaçador penacho da cabeça? Donde o elmo brilhante? Donde as pontas de ferro? Donde as codilheiras emplumadas? Donde as malhas da couraça? Donde os dentes de bronze? Donde as lâminas? Donde os dardos mortíferos? Donde o vozear mais que bestial? Donde o trovão e o raio, mais aterrador e mais nocivo do que o próprio raio de Júpiter? Eu formei-te como um animal semelhante a Deus. Que te ocorreu, para que te transformasses numa fera tão desumana, que nenhuma fera a partir de agora será considerada fera, se for comparada com o homem?" – Estas palavras e muitas outras por este teor cuido eu que diria aquela natureza *que constrói* ([12]) as coisas.

Por consequência, vendo que o homem foi criado tal como mostrámos e olhando a que a Guerra é algo de tal qualidade como experimentamos com excessiva frequência, parece que devemos espantar-nos não pouco. Que deus, que vesânia ou que desventura terão feito nascer pela primeira vez no peito humano o impulso de desembainhar o ferro mortal contra as vísceras do homem? É necessário que se tenha chegado a uma tão extraordinária loucura através de muitas gradações, "pois ninguém se volve de repente no mais ignóbil dos seres" –, tal como diz o poeta satírico ([13]). E sempre os maiores males se insinuaram na vida dos homens sob capa e aparência

([12]) *architectrix* é o vocábulo de que se serve aqui Erasmo.
([13]) Juvenal, *Sat* 2. 3.

de bem. Portanto, como outrora aqueles rudes e primitivos mortais vivessem nas florestas, nus, sem habitações e desprovidos de tecto, aconteceu algumas vezes serem atacados pelas feras e animais selvagens. Por isso foi contra estes que se empreendeu pela primeira vez a guerra, e era tido por varão forte e por chefe aquele que tivesse repelido de junto da raça dos homens a violência das feras. O que é mais, parecia apropriadíssimo que matasse os matadores e degolasse os que degolam, sobretudo sendo certo que se arrojavam contra nós por iniciativa própria sem terem sido provocados por nenhuma ofensa. Como esta acção fosse sumamente louvada – pois daqui procedeu a divinização de Hércules –, a juventude intrépida começou a caçar feras por toda a parte e a ostentar as peles como troféu. Em seguida, não contentes com as terem degolado, protegeram-se com as peles delas contra o rigor do Inverno. Os primeiros homicídios e as primeiras presas foram estas.

Depois, indo mais longe, ousaram algo que Pitágoras com toda a veemência verberou como ímpio, e que nos poderia parecer fabuloso, caso não o certificasse a usança que por toda a parte tem tão grande vigor: ou seja, que entre certos povos fosse considerado piedoso empurrar para uma vala os idosos pais cobertos de chagas e tirar a vida àqueles através dos quais tinha vindo a dádiva da vida; que fosse tido por santo comer a carne dos amigos íntimos; que se achasse bem prostituir publicamente uma donzela no templo de Vénus; e muitas coisas mais absurdas do que estas, cuja só menção provocará agora um repúdio generalizado. A tal ponto nada existe de tão criminoso, nada de tão atroz, que também não se aprove, se o costume o recomendar. Por conseguinte, a que crime não se atreveram? Não sentiram escrúpulos em comer os cádaveres das feras mortas, em rasgar com os dentes a carne sem vida, em beber sangue, em sugar os humores corruptos e, como diz Ovídio, em " ajuntar as vísceras às

[14] Ovídio, *Met* 15. 88.

vísceras" ([14]). Embora esta usança parecesse assaz monstruosa às sensibilidades mais delicadas, todavia o hábito e a utilidade recomendaram-na. Sentiu-se até prazer com a vista de um corpo morto. As carnes são enterradas envoltas em faixas, embalsamadas com essências aromáticas, gravando-se por cima um epitáfio: *Aqui jaz um javali, Aqui jaz um urso.* Oh cadaverosas deleitações! Foi-se mais longe. Das feras malfazejas passou-se aos animais inofensivos. Por toda a parte se usou de rigor contra as ovelhas, "animal destituído de dolo e enganos" ([15]). Usou-se de rigor contra o coelho, não por causa de algum crime, mas por ser comestível. Nem se poupou o boi doméstico, que durante muito tempo sustentara com o seu suor a família desagradecida; não se privou o homem de nenhum género de aves ou de peixes, e tanto cresceu a tirania da gula, que nenhum animal se achava em parte alguma ao abrigo da crueldade humana. Mas o hábito também persuadiu que não devia encarar-se como crueldade a violência contra qualquer espécie de animal, contanto que as pessoas se abstivessem de matar seres humanos.

Mas, talvez possamos fazer com os vícios como com o mar: não os deixar entrar; todavia, se entram, não está na mão de qualquer um fixar-lhes um limite. Uma vez um destes admitido, não é conduzido pelo nosso arbítrio, mas arrasta-o o seu próprio ímpeto. Depois de esta aprendizagem os ter ensaiado para o homicídio, a ira persuadiu o homem a atacar o homem com bordões, à pedrada ou a murro. Ora, se então se lutava com estas armas e já tinham aprendido a matar animais, penso que também se podiam matar homens sem qualquer dificuldade. Mas essa ferocidade consistiu durante muito tempo em combates singulares. O conflito concluía com o sacrifício de um só, algumas vezes sucumbiam ambos, mas ambos indignos de viver. Acresce que também tinha

([15]) Ovídio, *Met* 15. 120. O poeta, no entanto, refere-se aos bois.

alguns visos de justiça ter eliminado o inimigo; igualmente começou a ser objecto de louvor alguém que tivesse exterminado homens violentos e perniciosos – da espécie de que dizem ter sido Caco ([16]) e Busíris ([17]) –, livrando desse modo o mundo de flagelos. Com efeito, vemos que Hércules também sobressai por estes títulos de louvor.

Seguidamente, começaram a lutar em grande número, quando o parentesco ou a vizinhança ou a necessidade os ajuntara entre si. E era então guerra aquilo que hoje se considera pilhagem. Mas a pendência ainda se resolvia com pedras e paus tostados. Um regato que se interpunha, um desfiladeiro ou qualquer obstáculo semelhante punham termo aos combates.

Armam com o engenho a sua cólera à medida que a ferocidade cresce com o hábito, os agravos vão aumentando e a ambição mais se acirra. Inventam-se aprestos bélicos de toda a espécie para se fortificarem e inventam-se armas para destruirem o inimigo. Já por toda a parte e com combates mais amiudados os soldados começam a confrontar-se, não faltando os testemunhos de consideração para com esta evidente loucura. Proclamaram como *belo* ([18]) e afirmaram que era prova de virtude que alguém, com perigo da própria vida, repelisse o assalto dos inimigos para longe dos filhos, da mulher, do gado e do covil que lhes servia de casa. E assim aos poucos, crescendo a perversidade de par com a civilização, a cidade começou a declarar guerra à cidade, a província à província, o reino ao reino. Embora se tratasse de actividade crudelíssima pela sua própria natureza, todavia

([16]) Monstro, filho de Vulcano, que habitava uma gruta no monte Palatino e espalhava o terror com os seus roubos e morticínios. Acabou por ser morto por Hércules. *Vide* Virgílio, *En* VIII 190 e ss., que todavia lhe dá por morada o Aventino.

([17]) Rei egípcio que, segundo a lenda, sacrificava aos deuses todos os estrangeiros que punham os pés no seu país. Foi igualmente morto por Hércules.

([18]) Conformando-se com a etimologia acima proposta, Erasmo joga aqui com a dupla significação do vocábulo, impossível de transpor para a nossa língua.

ainda se conservavam resquícios da humanidade originária. Eram exigidas satisfações pelos feciais, citavam-se os deuses como testemunhas, preludiava-se o combate com uma escaramuça. O conflito decidia-se com armas comuns e com valentia, não mediante enganos. Não era permitido ferir o inimigo antes de dado o sinal e não se podia combater depois de o general mandar tocar a retirar. Enfim, a luta era mais uma questão de valentia e de glória do que de ânsia de matar.

E então só se desembainhavam as armas contra os estrangeiros, aos quais precisamente por esse motivo – como sinónimo de *hóspedes* – davam o nome de *hostis* ([19]). Daqui nasceram os impérios, dos quais não existiu jamais algum que não tivesse sido adquirido mediante muito sangue do género humano. Em seguida, as incessantes alternativas das guerras: até ao momento em que um, por seu turno, expulsava o outro do poder e o reivindicava para si mesmo. Depois, como o poder também tivesse caído em mãos de homens abomináveis, fez-se igualmente guerra por mero capricho contra quem quer que fosse, e começam a estar especialmente sujeitos aos perigos da guerra, não os maus servidores, mas os bem afortunados, e o objectivo da luta passa a ser, não já o louvor, mas o lucro sórdido, ou até algo de mais abominável. Não duvido que aquele sapientíssimo Pitágoras se tenha apercebido de tudo isto, quando, servindo-se de uma ficção filosófica, procurava dissuadir a turba ignorante dos homens de esquartejar as reses. Previa que quem, sem ser molestado por alguma ofensa, se tinha acostumado a derramar o sangue de animais inofensivos, também, impelido pela ira e provocado por uma injúria, não hesitaria em matar seres humanos. Ora, que outra coisa é a guerra, senão um homicídio e latrocínio generalizados, tanto mais abomináveis quanto mais estendidos se mostram? Mas disto zombam, como se

([19]) O texto latino apresenta o substantivo corrente para 'inimigos', ou seja, *hostes*. Com o nosso *hostis* tentamos canhestramente dar uma ideia do jogo etimológico a que mais uma vez aqui o autor parece entregar-se.

se tratasse de extravagâncias de escolásticos, os toscos Senhores da nossa época, os quais, ainda que de homens mais não tenham do que a aparência, julgam-se não obstante inteiramente deuses.

E todavia vemos que, partindo destes começos, se chegou a tal ponto de demência, que a existência inteira não se ocupa de outra coisa. Fazemos a guerra sem cessar, um povo bate-se contra outro povo, um reino contra outro reino, uma cidade contra outra cidade, um príncipe contra outro príncipe, uma raça contra outra raça, e – coisa que até os pagãos consideravam ímpia – o amigo contra o amigo, o parente contra o parente, o irmão contra o irmão, o filho contra o pai. Por derradeiro – o que eu não tenho dúvidas em considerar como muito mais horrível do que tudo isto –, o cristão faz guerra a seres humanos: e acrescentarei de mau grado aquilo que é horribilíssimo – o cristão faz guerra ao cristão! E, oh cegueira do entendimento humano, ninguém se espanta com isto, ninguém o abomina! Há quem aplauda, quem elogie, quem chame santa a uma actividade mais que infernal e quem instigue os príncipes, já de moto próprio ensandecidos, *deitando,* como diz o rifão, *azeite no fogo* ([20]).

Um, do alto do púlpito, promete o perdão de todos os crimes para os que lutarem sob o pendão deste príncipe. Outro, brada: "– Príncipe invictíssimo, limitai-vos a conservar esse espírito favorável à religião, e Deus combaterá por vós". Este, aplicando torcidamente as palavras dos profetas a uma actividade ímpia, dá como certa a vitória, ao interpretar as passagens: *Não terás temor de espanto nocturno, de seta que voa contra ti, de demónio de meio-dia;* e: *Cairão mil ao teu lado, e dez mil à tua dextra;* e: *Sobre o áspide e o basilisco andarás, e pisarás o leão e o dragão* ([21]). Em suma, este

([20]) *Vide* Horácio, *Sat* 2. 3. 321.
([21]) *Sl* 91. 5 - 7 e 13.

salmo místico era inteiramente desfigurado, de modo a poder aplicar-se a estes ou àqueles príncipes. E às duas partes em confronto não faltavam profetas desta laia, nem havia falta de quem os aplaudisse. Escutámos prédicas tão belicosas da boca de monges, de teólogos, de bispos. E assim a guerra é feita por decrépitos, a guerra é feita por sacerdotes, a guerra é feita por monges, e misturamos Cristo com uma coisa tão diabólica. Os esquadrões avançam uns contra os outros levando à frente a insígnia da cruz, a qual só por si poderia relembrar de que modo convinha vencer cristãos. Sob aquele símbolo celeste, com o qual se reproduz aquela perfeita e inefável união dos cristãos, corre-se para a matança recíproca, e fazemos de Cristo, não apenas espectador, mas autor de uma acção de tal modo ímpia.

De facto, onde se encontra o reino do Diabo, senão na guerra? Por que razão arrastamos para este lugar Cristo, ao qual mais facilmente se ajusta um qualquer lupanar do que a guerra? O apóstolo São Paulo indigna-se por, entre os cristãos, surgir alguma controvérsia de tal gravidade que tornasse necessário recorrer a um magistrado para pôr fim ao conflito ([22]). Que diria se nos visse em guerra com o mundo inteiro por qualquer motivo fútil, e portando-nos em combate mais desumanamente do que qualquer pagão, com mais crueldade do que qualquer bárbaro? E isto leva-se a cabo tendo como instigadores, exortadores e encorajadores precisamente estes homens que representam aquele pontífice pacífico e unificador, homens que saúdam o povo com votos de paz?

Ora, não é sem meu conhecimento que desde há muito tempo me objectam com o seguinte esses cários ([23]), que têm por natureza fazer a sua colheita à custa dos males

([22]) *I Cor* 6.

([23]) Povo bárbaro da Ásia Menor, conhecido pelos contingentes de mercenários – sentido restrito com que Erasmo toma usualmente este colectivo – que fornecia à Grécia.

públicos: "Empreendemos a guerra constrangidos, coagidos pelas malfeitorias dos outros! Reivindicamos o nosso direito! Tudo quanto a guerra tem de males, seja imputado àqueles que deram motivos para a guerra!"

Mas calem-se por uns momentos, e refutaremos os seus argumentos no seu devido lugar e arrancaremos este disfarce com que ocultamos a nossa moléstia. Ora, assim como confrontámos o homem com a guerra, ou seja, o animal mais pacífico com a coisa de longe mais horrível, com o propósito de tornar mais evidente a sua monstruosidade, do mesmo modo compararemos a guerra com a paz: a coisa simultaneamente mais desgraçada e mais celerada, com a coisa mais salutar e ao mesmo tempo mais excelente, e deste modo mostrar-se-á precisamente quão grande loucura seja empreender a guerra, com tantas inquietações, tantos trabalhos, tamanho dispêndio, tão grande risco e tão grande número de calamidades, quando a concórdia se pode comprar por um preço muito menor.

Primeiramente, que coisa existe na natureza mais doce ou melhor que a amizade? Nenhuma, seguramente. E todavia, que outra coisa é a paz, senão a amizade de muitos entre si? Do mesmo modo que, inversamente, a guerra mais não é do que o rancor de um grande número. Além disso, é tal a natureza das coisas boas, que quanto mais estão à vista, tanto trazem consigo maiores vantagens. Por conseguinte, sendo a amizade de uma só pessoa por outra algo de tão doce e salutar, que imensa felicidade não será, se se ligarem, pelo vínculo da amizade, um reino com outro reino e um povo com outro povo? Ao invés, a condição das coisas más é tal, que quanto mais amplamente se tiverem espalhado, tanto mais merecem o adjectivo. E assim, se é deplorável, se é criminoso que um homem se oponha, com as armas na mão, a outro homem, quanto mais calamitoso e quão mais criminoso não é que o mesmo acto seja praticado por tantos milhares de homens? Graças à concórdia as coisas pequenas medram; por culpa da discórdia, até as grandes se desvanecem. A paz é a procriadora e a aleitadora de tudo quanto há de bom. A guerra, num ápice e de modo definitivo, destrói, aniquila e suprime tudo quanto é alegre, tudo quanto é belo, e derrama sobre a existência dos mortais um verdadeiro monturo de todos os males. Em tempo de paz – como se para as coisas humanas tivesse luzido uma espécie de nova Primavera –, cultivam-se os campos, os vergéis florescem, os rebanhos pastam alegremente, constroem-se casas de campo, edificam-se cidades, restauram-se as que estão em ruínas, ornamentam-se e aumentam-se as que se erigiram, a riqueza cresce, os contentamentos medram, a ordem pública floresce, a religião afervora-se, a equidade vigora, a solidariedade humana avulta, as artes profissionais activam-se, o ganho dos pobres é mais abundante e mais esplêndida a opulência dos ricos. Resplandece o estudo das ciências mais nobres, a mocidade é instruída, os velhos gozam de um descanso tranquilo, as jovens casam-se com bons auspícios, "as mães são louvadas por uma prole que se assemelha aos pais" ([24]), brilham os bons e os maus erram menos.

Porém, assim que sobreveio a furiosa tempestade da guerra, santo Deus!, como é imensa a maré de males que ocupa, inunda e destrói todas as coisas! O gado é roubado, as searas são assoladas, os lavradores são mortos, as herdades incendiadas, e cidades prosperíssimas, construídas ao longo de tão grande número de séculos, são subvertidas por um único flagelo. A tal ponto é mais fácil fazer mal do que fazer bem. As riquezas dos cidadãos passam para as mãos de execráveis ladrões e assassinos. Os lares contristam-se por causa do medo e do luto, tudo se enche de queixumes e lamentações. As artes profissionais enlanguescem, os pobres têm de passar fome ou lançar mão de recursos imorais. Os ricos, ou choram os bens roubados, ou temem pelos que lhes

([24]) Horácio, *Odes* 4. 5. 23.

restam: de uma forma ou de outra, acham-se na mais miserável das situações. As jovens, ou se vêem privadas de casamento, ou têm núpcias amargas e enlutadas. Abandonadas, as mães de família vivem em casa na esterilidade; as leis emudecem, os sentimentos de humanidade são escarnecidos, não há lugar para a equidade; a religião é objecto de mofa, não se fazendo qualquer espécie de destrinça entre o sagrado e o profano. A mocidade é corrompida por toda a sorte de vícios e os desventurados anciãos amaldiçoam a sua longevidade. Não se honram os nobres estudos das letras. Em suma, são mais os males que experimentamos na guerra, que a possibilidade que alguém tem de referi-los por palavra, e muito menos a minha.

A guerra talvez se pudesse tolerar, se as guerras nos fizessem somente infelizes, e não de igual modo ímpios e maus; se a paz nos tornasse apenas mais felizes, e não igualmente melhores. Mas é ímpio seja quem for que chame a guerra. Havia males, ai de nós!, demasiados males, para constante e inexoravelmente atormentarem, atribularem e aniquilarem os infelizes mortais. Há já cerca de dois mil anos que os médicos registaram os nomes de trezentas doenças, além das subdivisões, sem contar as moléstias que surgem todos os dias e a própria velhice, para a qual não há remédio. Nos livros, lemos passagens que nos falam ora de cidades que foram completamente arrasadas por tremores de terra ou abrasadas pelo fogo, ora de maciços estratos de território engolidos por uma fractura no solo, ora de cidades que desabaram por galerias subterrâneas lhes terem minado os fundamentos, para já não falar da grande quantidade de homens que os casos fortuitos fazem desaparecer, e da qual, por força do hábito, já nem fazemos conta: inundações de rios e mar, desabamentos de montes e de prédios, envenenamentos, quedas, feras, alimentos, bebidas, o sono. A um, sufocou-o um pêlo engolido com o leite; a outro, um bago de uva; àquele, uma espinha de peixe prendendo-se à garganta. Há gente a quem causou a morte uma alegria inesperada – pois se é provocada por um desgosto muito forte, não espanta tanto. Ajuntemos agora as epidemias fatais, que não raro se assanham por toda a parte. Não existe nenhuma parcela do mundo sobre a qual não paire um risco para a vida humana, a qual, além disso, também já por si é brevíssima. Tantos males a inquietam por todos os lados, que Homero, não sem motivo, considerou o homem o mais infeliz dos viventes ([25]).

Todavia, estes males, porquanto nem podem ser facilmente esquivados nem sucedem por culpa nossa, fazem com que nós tão somente sejamos infelizes, mas não perversos. Qual o sentido de seres sujeitos a tão grande número de calamidades procurarem espontaneamente para si o mal, como se este estivesse ausente? E procurarem não um mal qualquer, mas de longe o mais abominável de todos: tão pernicioso, que sozinho vence todos; tão fecundo, que, sendo um só, abrange em si a totalidade dos outros; tão funesto, que não produz senão seres atribulados, a fim de converter nos mais miseráveis – conquanto não nos mais contemplados pela misercórdia – apenas aqueles que menos o querem e mais o sentem?

A tudo isto, acrescenta agora que as vantagens da paz se estendem larguissimamente e recaem sobre muita gente. Na guerra, se algo sucedeu com felicidade – ainda que, justos céus, que coisa se pode aqui qualificar como feliz? –, tal beneficia apenas a uns poucos, e estes indignos. A prosperidade de um é a ruína de outro; as riquezas de um, são a presa de outro; o triunfo deste, é o luto daquele: para que a infelicidade seja amarga, a felicidade é desumana e sanguinária. Ainda que pelo comum aconteça que ambas as partes se lamentem após aquela que é de uso chamar-se

([25]) *Ilíada* XVII. 446 - 447.

([26]) "Dava-se este nome a toda a vitória desafortunada, mesmo para os vencedores" – assim a define o próprio Erasmo, comentando esta expressão no *Adágio 1734*.

vitória cadmeia ([26]). E não sei se alguma vez a guerra teve uma conclusão a tal ponto feliz, que o vencedor dotado de bom senso não sentisse arrependimento de a ter empreendido. Portanto, sendo a paz a melhor e a mais aprazível de todas as coisas, e a guerra, ao invés, não só a mais deplorável, como, ao mesmo tempo, a mais criminosa: acaso consideraremos que estão em seu perfeito juízo estes homens que, embora possam, com pequeno trabalho, alcançar a paz, preferem mesmo assim procurar a guerra através das maiores dificuldades?

Primeiramente, como é desagradável coisa aquele primeiro rumor de que vai haver guerra; depois, a quanto ódio tem de se expor o príncipe, ao rapinar os seus súbditos com frequentes tributações! Quanto trabalho em juntar ou conservar as tropas mandadas pelos aliados, quanto em recrutar regimentos de bárbaros e de soldados mercenários! Quanta despesa e simultaneamente quantos cuidados em aparelhar as armadas, em edificar ou reparar as fortalezas e redutos, em aprestar as tendas, em fabricar e transportar os engenhos de guerra, as armas, as munições, as bagagens, os veículos, as provisões! Quanto dispêndio de esforço em construir paliçadas, em escavar fossos, em sapar minas, em roldas, em sentinelas, em exercícios! Para já não falar do medo ou dos perigos. Pois, que não é de temer na guerra? Quem pode enumerar os danos para a saúde que suportam nos acampamentos os tontíssimos soldados – merecedores de maiores males, pois é de livre vontade que os suportam? O alimento, capaz de fazer engulhos a um boi de Chipre ([27]); alojamento, tal que um escaravelho o rejeitaria; dormir pouco, e não quando se quer. Tendas abertas ao vento por todos os lados, ou nem sequer tendas. Têm de enrijar a céu aberto, dormir no chão, acampar de armas na mão, suportar fomes,

([27]) Segundo Plínio, os hábitos alimentares destes bovinos tinham pendores escatológicos pouquissimamente recomendáveis.

frios, calmas, poeiras, chuvas; são obrigados a obedecer aos chefes e a receber os golpes da chibata: visto que não existe nenhuma espécie de escravidão mais indigna do que a dos soldados. Além disto, ao soar da funesta trombeta, é mister ir ao encontro da morte, ou para matares cruelmente, ou para tombares com mofina. Tão grande número de males se padece para poder alcançar a mais lamentável de todas as coisas! Com tão imensos males nós mesmos primeiro nos atormentamos para podermos atormentar os outros!

Por isso, se quisermos ponderar o negócio e com contas verdadeiras calcular a que preço se compra a guerra e a que preço a paz, descobriremos seguramente que esta se pode adquirir talvez pela décima parte dos cuidados, trabalhos, moléstias, riscos, gastos e, finalmente, sangue, de que a guerra é culpada. Para destruíres alguma fortaleza arrastas para o perigo tão grande multidão de homens: mas mediante o trabalho destes poderia erigir-se até sem perigo outra fortaleza muito mais admirável. Mas queres fazer mal ao inimigo. Ora, precisamente isso é desumano. Todavia, pondera se podes fazer mal àquele sem primeiro fazer mal aos teus. E além disso parece de homem ensandecido tomar sobre si um mal certo tão grande, quando é incerto para que lado há-de pender a sorte da guerra.

Mas admito que, quer a demência, quer a ira, quer a ambição, quer a avareza, quer a crueldade, ou – o que mais me parece – as fúrias enviadas pelos infernos tenham arrastado os pagãos a esta vesânia; mas a nós, donde nos veio a ideia de um cristão desembainhar o ferro sanguino contra outro cristão? Se um irmão mata um irmão, chama-se a isto parricídio. Mas um cristão está mais unido a outro cristão do que um qualquer irmão ao seu irmão, a menos que os vínculos da natureza sejam mais firmes do que os de Cristo. Como é absurdo que quase sem cessar lutem entre si aqueles que abriga uma única casa – a Igreja – e que, membros de um mesmo corpo, se jactam de uma cabeça comum, a saber, Cristo; que têm um Pai comum nos Céus, que são vivificados por um espírito comum, que foram iniciados nos mesmos mistérios, redimidos pelo mesmo sangue, feitos renascer pela mesma água, fortificados pelos mesmos sacramentos, que militam às ordens do mesmo General, que se alimentam do mesmo pão, que são quinhoeiros do mesmo cálice; que têm como inimigo comum o Diabo e, finalmente, que foram todos chamados à mesma herança. Que é feito de tão inúmeros juramentos de uma concórdia absoluta, onde param tantas provas de paz? A um só preceito Cristo chamou seu, a saber, o da caridade. Que há de mais oposto a esta que a guerra? Saúda os seus com o benévolo voto de paz. Aos díscipulos, para além da paz, nada deixou. Naqueles sagrados rogos pede especialmente ao Pai que, assim como ele era um só com o Pai, assim igualmente os seus, isto é, os cristãos, fossem um só com ele. Não ouves senão paz, senão amizade, senão concórdia. A imagem de Cristo era prefigurada por Salomão, que para os judeus significa *pacificador*; quis que por ele lhe fosse erigido um templo. E, sem deixar de considerar David singularmente ilustre em diversas virtudes, todavia desviou-o da erecção do templo com esta acusação: era sanguinário. E contudo foi por instigação de Deus que Moisés fez guerras, quase sempre contra os ímpios, e fê-las sem dúvida numa época em que aquele aperfeiçoador da lei mosaica ainda não tinha ensinado que até os inimigos devem ser amados. Quando Cristo nasce, os anjos não cantam a guerra, nem triunfos, mas a paz. O grande profeta místico profetizou assim do ainda não nascido:"E a sua morada foi feita na paz" ([28]).

Examina toda a doutrina de Cristo: em nenhuma parte encontrarás coisa alguma que não respire paz, que não tenha gosto a caridade. E porque sabia que a paz não pode subsistir a menos que primeiro se desprezem aquelas coisas pelas quais este mundo se digladia, mandou que dele aprendêssemos a

([28]) *Sl* 76. 3.

ser mansos [29]. Disse que eram bem-aventurados aqueles que tiverem a riqueza e a soberba, sua filha, na conta de coisa nenhuma, aos quais chama *pobres em espírito;* bem-aventurados os que desprezarem as deleitações deste mundo, a quem designa como *os que choram*; bem-aventurados os que se dispuserem a ser despojados dos seus bens, cientes de que aqui não estamos mais do que num exílio e que, para os justos, a verdadeira pátria e o verdadeiro bem encontram-se guardados no Céu; bem-aventurados os que, fazendo bem a todos, escutarem sem revidar palavras injuriosas e padecerem a opressão dos maus [30]. Proibiu que se fizesse frente aos perversos [31]. Em suma, do mesmo modo que toda a sua doutrina ordena a tolerância e o amor, assim a sua vida inteira não ensina outra coisa senão a mansidão. Dessarte reinou, dessarte combateu, assim venceu, assim triunfou. E não inculcam outra coisa os apóstolos, que ainda beberam sem mescla o espírito de Cristo e estavam felizmente embriagados com esse mosto.

Que outra coisa dizem todas as cartas de São Paulo, que não seja paz, que não seja clemência, que não seja caridade? De que fala São João, em que insiste, senão no amor? Que outra coisa diz São Pedro? Que outra coisa todos os escritores verdadeiramente cristãos? Donde procede um tamanho tumulto de guerras entre os filhos da paz? Porventura é mentira que Cristo se chama a si mesmo vide e aos seus sarmentos? [32] Quem viu alguma vez o sarmento a lutar com o sarmento? Porventura é falso aquilo que São Paulo escreveu mais de uma vez: que a Igreja não é senão um único corpo formado pela junção de diversos membros, ligado a uma única cabeça, que é Cristo? [33] Quem viu a vista a lutar com

(29) *Mt* 11. 28 - 30.
(30) *Mt* 5. 5 - 12; *Lc* 6. 20 - 35.
(31) *Mt* 5. 39
(32) *Jo* 15. 5.
(33) *Ef* 4. 16 e 5. 23; *Rom* 12. 4 - 5.

a mão, ou o ventre com o pé? Existe harmonia entre todos os elementos, tão diferentes, que compõem esta unidade. No corpo do animal, cada membro está em paz com o outro membro: aquilo que coube em dote a cada parte, possui-o não unicamente para si, mas para todos em comum. Se acontece alguma coisa a qualquer uma delas, todo o corpo acode com socorro. Acaso pode mais o liame da natureza num corpo condenado a perecer do que a união do espírito num corpo místico e imortal? Acaso é sem motivo que pedimos, seguindo o preceito de Cristo: *Faça-se a tua vontade, assim no Céu como na terra?* ([34]) Naquela cidade existe a mais completa concórdia. Mas Cristo quis que a sua Igreja não fosse outra coisa que um povo de certa forma celeste, vivendo na terra quanto possível à sua imagem, celeremente para ela se encaminhando e dela pendendo.

Pois bem, imagina-me agora que alguma nova espécie de viajante, baixando daquelas cidades lunares, que Empédocles habita, ou de um daqueles mundos que Demócrito inventou em grande profusão, tivesse vindo a esta nossa Terra, com desejo de saber como é a realidade. E que, depois de bem ensinado acerca de cada coisa, tenha aprendido que existe certo ser vivo, maravilhosamente formado de um corpo, que tem em comum com os brutos, e de uma alma, com a qual reproduz a imagem de Deus. E que esse ser vivo é de tal excelência, que, embora viva exilado neste mundo, todavia tem o senhorio sobre todos os restantes animais, porque, devido à sua origem celeste, sempre se inclina para coisas celestes e imortais, e que a eterna deidade de tal forma o tomou sob o Seu cuidado que, visto como nem pelas forças da natureza nem mediante os raciocínios dos filósofos ele poderia alcançar aquilo a que aspirava, enviou a este mundo o Seu filho unigénito para que este introduzisse uma nova

([34]) *Mt* 6. 10.

espécie de saber. Suponhamos, seguidamente, que, depois de ter aprendido bem toda a vida e mandamentos de Cristo, mostre desejo de, postado no alto de alguma grande eminência, ver quanto tinha aprendido. Quando tiver observado que os demais animais vivem perfeitamente dentro da respectiva espécie e são guiados pelas leis da natureza, nada desejando senão aquilo que a natureza prescreve, e que há apenas um animal que se dedica a traficar, a negociar, a lutar: não imaginará porventura que o "homem", acerca de quem ouvira falar, antes era qualquer um daqueles animais, do que o próprio homem? Depois, esclarecido por indícios seguros sobre qual dos animais era o homem e já inteirado das características distintivas daquela célebre grei dos cristãos, que, seguindo os ensinamentos daquele extraordinário mestre celestial, nos dão a ver uma reprodução da cidade dos anjos, acaso não julgará que os cristãos antes habitam em qualquer outro lugar, menos nestas paragens, onde veria tamanha opulência, luxo, sensualidade, fausto, tirania, ambição, engano, inveja, iracúndia, discórdia, disputas, lutas, guerras, desordens, em suma, onde encontraria um monturo de todas as coisas que Cristo condena, quase maior do que o que existe entre todos os turcos ou sarracenos?

Portanto, de onde veio rastejando esta peste sobre o povo cristão? Este mal, tal como quase todos os outros, seguramente que foi aos poucos que se introduziu entre os incautos. Visto que todo o mal, ou se insinua insensivelmente, ou se introduz sob color de bem. Portanto, primeiramente a erudição insinuou-se como actividade idónea para refutar os hereges, que se achavam aparelhados com as armas dos filosófos, dos poetas e dos oradores. É certo que esses recursos, de início, não eram aprendidos pelos cristãos, mas tinham sido talvez adquiridos por alguns deles antes de conhecerem a Cristo, que depois da conversão os encaminhavam a fins piedosos. De início, também a eloquência foi mais dissimulada do que desdenhada; depois, também se aprovou publicamente. Por conseguinte, com pretexto de destruir os hereges, insinuou-se o vaidoso apetite de disputar, que acarretou não pequeno mal à Igreja. Ao cabo, chegou-se ao extremo de Aristóteles ser plenamente acolhido como parte integrante da teologia, e acolhido de tal guisa, que a sua autoridade é quase mais sagrada que a de Cristo. Com efeito, se este disse alguma coisa pouco ajustada ao nosso teor de vida, é lícito perverter a interpretação, mas repele-se de imediato quem ouse, mesmo levemente, opor-se aos oráculos aristótelicos. Dele aprendemos que não existe felicidade perfeita para o homem a menos que possua os bens do corpo e da fortuna. Dele aprendemos que não pode prosperar uma república na qual tudo seja possuído em comum. Esforçamo-nos por unir os dogmas dele com a doutrina de Cristo, que é o mesmo que juntar a água com o fogo.

Também recebemos alguma coisa das leis cesáreas, por mor da equidade que elas se arrogam, e para que nos quadrassem melhor, adaptámos a elas, o mais que pudemos, a doutrina evangélica. Mas estas leis permitem repelir a força com a força e que cada um reivindique o seu direito; aprovam a actividade mercantil, aceitam a chatinagem, contanto que mitigada, encarecem a guerra como uma empresa nobre, desde que seja justa. Declaram que é justo aquilo que é ordenado pelo príncipe, por mais moço ou louco que ele seja. Enfim, já toda a doutrina de Cristo de tal sorte foi corrompida pelas letras dos dialécticos, dos sofistas, dos matemáticos, dos oradores, dos poetas, dos filósofos e dos jurisconsultos pagãos, que é mister que primeiro se esgote grande parte da vida, antes que sobeje tempo para esquadrinhar as Sagradas Escrituras, as quais, na suposição de que alguma vez chegues a tratá-las, é força todavia que te aches envenenado por tão grande cópia de opiniões mundanas, que os mandamentos de Cristo ou inteiramente te desagradam ou os torces para ficarem em consonância com os ensinamentos de tão insignes mestres. E a tal ponto isto não se condena, que é defeso discorrer sobre letras cristãs àquela pessoa que não se tiver completamente *enchido até às orelhas* (conforme diz o adágio) com as frioleiras aristotélicas, ou melhor, sofísticas. Ora, a verdade é que a doutrina de Cristo é de uma natureza tal que é impossível existir outra mais acessível a toda a gente, ou que esteja mais em desacordo com a sabedoria dos filósofos.

Seguidamente, demos alguma entrada às honrarias, mas conferidas espontaneamente, as quais, ao depois, começamos a exigir como algo devido. Isto não pareceu iníquo. Em seguida, acolhemos as riquezas, mas estas deviam repartir-se na ajuda aos pobres, e só depois em nosso proveito. Porque não? Não aprendemos que a hierarquia da caridade é esta: cada pessoa é o maior *próximo* de si mesmo? E não faltavam pretextos para este mal. É respeitável velar pelos filhos; é justo precaver a velhice vindoura. Finalmente, dizem: *por que darei de mão à riqueza, se se obtém sem embustes?* Por estes passos, aos poucos acabou por se chegar a uma situação tal, que se reputa como o melhor dos homens aquela pessoa que é a mais rica: e nunca entre os pagãos foi tão venerada a riqueza como é hoje entre os cristãos. Pois que existe, de sacro ou profano, que não obedeça inteiramente ao império da riqueza? Semelhava que a estas distinções convinha alguma porção de poder. E não faltou gente a querer dobrar-se.

Também se deu entrada ao poder, mas lenta e parcamente. E tão só de tal sorte que, satisfeitos apenas com o título, de bom grado remetiam a outros a administração do Estado. Por derradeiro, aos poucos chegou-se a um tal extremo que a um bispo não lhe parece que é bispo se não lhe tiver sido acrescentada alguma autoridade mundana. O abade crê-se pouco digno, se em tudo não tiver o poder que têm os tiranos. Enfim, enxugámos do rosto qualquer pingo de vergonha, derrubámos todas as barreiras do pudor. Tudo quanto houve entre os pagãos de avareza, de ambição, de luxo, de orgulho, de tirania: nós imitámo-lo, nós igualámo-lo, nós ultrapassámo-lo.

E, pondo por agora de parte assuntos menos graves, porventura entre os pagãos vez alguma se combateu tão continuamente ou com mais sanha do que entre os cristãos? A que calamidades, a que turbilhões de guerras, a que amiudadas violações de pactos, a que carnificinas assistimos nestes últimos anos? Que povo há, que deixasse de ser batido pelas armas? E, depois disto, amaldiçoamos o turco, como se os turcos pudessem ter um espectáculo mais agradável do que aquele que nós mesmos diariamente lhes oferecemos com as nossas recíprocas destruições.

Xerxes estava fora de si, quando pôs em campo aquela imensa multidão para invadir a Grécia. Crês porventura que tinha alma quem escreveu cartas ao monte Atos, ameaçando--o caso não se entregasse? Quem mandou chicotear as águas do Helesponto, porque se mostraram pouco propícias a quem pretendia navegar? ([35]) O célebre Alexandre Magno encontrava-se louco: quem o duvida? Este célebre semideus pedia mais mundos, a fim de os subjugar – a tal ponto a febre da glória se tinha apoderado do seu ânimo juvenil. Ora, apesar de tudo, estes conquistadores, que Séneca não escrupulizou em chamar *salteadores dementados* ([36]), pelejavam com maior humanidade do que nós e pelejavam com mais lealdade, não combatendo com engenhos e artes de guerra semelhantes aos nossos nem invocando tão frágeis razões como as invocadas por nós, cristãos.

Se leres as histórias dos pagãos, quão grande número de cabos de guerra não acharás que evitaram a guerra graças a extraordinários ardis? Que preferiram submeter o inimigo mediante obséquios, a fazê-lo pelas armas? E até houve alguns que antes quiseram resignar ao mando supremo do que entrar em conflito aberto. Nós, pseudocristãos, não

([35]) *Vide* Heródoto, VII. 20; VII. 35. Plutarco, no tratado moral intitulado na tradução latina *De cohibenda ira*, transcreve a carta endereçada ao monte Atos pelo monarca persa.
([36]) *de ira* 3. 14 - 22.

desaproveitamos nenhum pretexto para a guerra. Os combatentes pagãos antes de entrarem na liça entravam em conversações. Entre os Romanos, depois de tentados todos os recursos, enviava-se um fecial ([37]) com o *paterpatratus* e levavam-se a cabo cerimónias rituais: certamente que se procuravam processos de retardamento, tendentes a moderar o furor combativo. E também, depois de se efectuar tudo isto, não era permitido chegar a vias de facto com o inimigo senão após ter sido dado o sinal de ataque, o qual se dava em tal forma que o soldado ignorava o momento em que haveria de ser dado. E nem sequer depois de este ter sido dado era permitido que golpeasse ou ferisse o inimigo quem quer que, embora se achasse no acampamento militar, todavia não se encontrasse vinculado pelo juramento militar: a tal ponto que Catão *o antigo* advertiu por carta o filho de que, deixando o acampamento, regressasse a Roma, ou, caso preferisse manter-se no exército, que pedisse autorização ao comandante para que lhe fosse permitido entrar em combate. Demais, assim como o sinal de ataque não dava direito de combater senão aos que tinham feito o juramento militar, do mesmo modo o sinal com que se tocava à retirada retirava a todos o direito de matar, a tal ponto que Ciro louvou certo soldado, porque este, no instante em que, de espada erguida, estava a ponto de matar um inimigo, lhe poupou a vida mal ouviu o toque de retirada ([38]). Estas medidas visavam a que ninguém cuidasse que lhe era permitido matar um ser humano, a menos que uma necessidade imperiosa a tal constrangesse.

Hoje, entre os cristãos, tem-se por varão denodado aquele que, ao deparar numa floresta com um homem da nação com a qual está em guerra – não armado, mas carregado de

([37]) Colégio de vinte sacerdotes, depositário do direito internacional, presidido pelo *paterpatratus*, e que tinha a seu cargo as formalidades jurídicas e religiosas relacionadas com a abertura ou cessação de hostilidades.

([38]) Este episódio e o anterior podem ler-se em Plutarco, *Questões Romanas* 39.

dinheiro, nem com intenções bélicas, mas, para não combater, tratando de escapulir-se para alguma outra parte –, o matar, e depois de o matar, o roubar, e depois de o roubar, o enterrar. E chamam-se soldados àqueles que, com a esperança num ganho insignificante, acorrem à luta espontaneamente e com toda a celeridade, e que, como gladiadores, combatem indistintamente em qualquer uma das hostes em confronto, irmãos contra irmãos e vassalos de um mesmo príncipe. E estes, quando voltam para casa depois de semelhantes batalhas, narram os seus crimes como se fossem verdadeiros soldados, sucedendo que nem são castigados como salteadores nem como inimigos e desertores do seu príncipe.

Odiamos o verdugo porque, com a autoridade das leis, degola a soldo os criminosos e condenados, ao passo que aqueles que, abandonando pais, esposas e filhos, correm voluntariamente para a guerra – e não por imposição de contrato, mas rogando que os estipendiem para uma açougada impiedosa –, ao regressarem a casa são quase mais considerados do que se não se tivessem ausentado para nenhum lado. Crêem que dos crimes lhes resulta alguma nobreza. É infame quem furtou uma peça de roupa; mas quem, partindo para a guerra, enquanto guerreia e voltando da guerra esbulhou tão grande quantidade de inocentes, é contado no número dos cidadãos honestos. Além disso, aquele dos soldados que se comportou com maior desumanidade é considerado digno de desempenhar o cargo de capitão na próxima guerra. Por conseguinte, se olhares com atenção para as regras da guerra antiga, verás que a guerra dos cristãos é pouco mais ou menos uma rapina, não uma guerra.

Por isso, se cotejamos os monarcas cristãos com os pagãos, como é pior o nosso partido! Aqueles nada mais pretendiam do que a glória. Compraziam-se em tornar mais prósperas as províncias que tinham submetido através da guerra; civilizavam os povos selvagens, que viviam sem letras e sem leis ao modo das alimárias. Com a construção de cidades, tornavam populosas regiões sáfaras. Fortificavam os lugares pouco seguros, favoreciam o passadio dos homens, construindo pontes, portos, estradas e mil outras comodidades deste género, de tal maneira que se tornava vantajoso ter sido vencido. E até, quão grande é a quantidade de sentenças ou de acções que se conta que estes, em meio das guerras, sabiamente pronunciaram ou praticaram com comedimento? Mas as coisas que se praticam nas guerras dos cristãos são demasiado horrorosas e atrozes para se poderem recordar aqui. Por isso expomos – e até com excesso – tão somente aquilo que nos pagãos havia de pior.

Mas já valeria a pena saber de que modo defendemos esta nossa tão grande loucura. Argumentam dizendo que, *se em forma alguma nos fosse lícito fazer a guerra, Deus não teria instigado os judeus a combater contra os inimigos.* – Muito bem, mas convém acrescentar que os judeus rarissimamente lutaram entre si, mas apenas contra estrangeiros e ímpios. Nós, cristãos, lutamos contra cristãos. Aqueles tiveram como origem do conflito a diversidade da religião e a dissemelhança das divindades: nós fomos levados ao conflito ou por um agastamento pueril, ou pelo apetite de riqueza, ou pela sede de glória ou amiúde por um soldo ignominioso. Aqueles combatiam por ordem divina, a nós quem nos põe as armas na mão é a perturbação do espírito. Contudo, se parece tão bem o exemplo dos judeus, por que não procedemos como eles? Por que não nos circuncidamos? Por que não imolamos reses? Por que não nos abstemos de carne de porco? Por que não casa cada um de nós com várias mulheres? Se abominamos estas usanças, por que razão nos apraz somente o exemplo da guerra? Enfim, por que é que neste caso seguimos a letra que mata? Aos judeus foi permitida a guerra, assim como o repúdio da mulher, mas certamente porque se atendeu à dureza do entendimento. Porém, depois que Cristo ordenou que se embainhasse a espada ([39]), aos cristãos não fica bem pelejar senão o mais galhardo dos combates – ou seja, contra os inimigos abomináveis da Igreja, contra a ânsia de riqueza, contra a cólera, contra a ambição, contra o medo da morte. São estes os nossos filisteus, estes os nabucodonosores, estes os moabitas e amonitas com os quais não nos convém fazer qualquer trégua, contra os quais nos devemos incessantemente arrojar, até que por fim, desbaratados por completo os inimigos, se instale a tranquilidade. Caso não consigamos vencer estes inimigos, não poderá manter-se uma paz verdadeira, quer entre cada um e a sua própria pessoa, quer entre cada um e a pessoa dos outros. Só esta guerra gera a verdadeira paz. O que nela triunfar não quererá lutar com nenhum mortal.

De facto, não me convence nada que alguns interpretem as duas espadas como referindo-se aos dois poderes, civil e eclesiástico, reivindicando ambos para os sucessores de São Pedro: pois Cristo permitiu que o próprio São Pedro errasse para que, depois de o ter mandado embainhar a espada, a ninguém restassem dúvidas de que não fora permitida a guerra, a qual anteriormente parecia ter sido consentida. – *Mas,* asseveram, *São Pedro fez uso das armas!* É verdade, mas ainda na qualidade de judeu, antes de ter recebido o verdadeiro espírito cristão. Lutou para defender a vida do Mestre, e não para defender as suas honrarias ou os seus bens, como nós fazemos. Enfim, o homem que lutou foi o mesmo que pouco depois negou. Se evocais o exemplo do combatente, evocai também o do renegado. E conquanto errasse movido por uma paixão sincera, nem por isso deixou de ser repreendido. Além disso, se Cristo, com este exemplo, aprova que nos defendamos, como alguns estolidamente interpretam, por que é que toda a vida e doutrina dele não pregam outra coisa senão a paciência? Por que é que expõe

([39]) *Mt* 26. 52: *Jo* 18. 11.

aos tiranos os seus, armados unicamente de bordão e alforge? Se aquela espada, que Cristo manda comprar depois de vendidas todas as coisas ([40]), é a defesa moderada que se opõe aos perseguidores – como certas pessoas entendem, não apenas com ignorância, mas impiedosamente –, por que é que nunca dela usaram os mártires?

Aqui aduzem-se estas distinções rabínicas: "é tão lícito a um mercenário combater, como é lícito a um talhante prover ao seu sustento com o seu ofício, pois este aprendeu a esquartejar reses, e aquele, homens. Também é lícito que os cidadãos combatam, mas em guerra justa". Ora, qualquer guerra, seja ela qual for, como for ou com quem for, como justa a apresenta qualquer príncipe que a declarou. "Aos monges e sacerdotes não é permitido pegar em armas, todavia é-lhes permitido assistir e presidir à guerra. E não é lícito combater por ânimo vingativo, mas por zelo da justiça". Mas, a quem é que não parece justa a sua causa? "Cristo enviou os seus sem escoltas, mas enquanto ele estava presente não se faziam mister escoltas. Como o tempo da partida se aproximasse, advertiu os seus de que preparassem a espada e o alforge, o alforge para fazer frente à falta de provisões, a espada para fazer frente aos inimigos ([41]). Aliás, aquelas palavras: *Não vos inquieteis por causa do amanhã*; *Fazei bem àqueles que vos aborrecem* ([42]), e outras por este teor, só valem até ao momento da sua partida". E, continuando, os tais argumentam: "Se São Paulo ou São Pedro dão alguma vez ensinamentos semelhantes, trata-se de conselhos, não de preceitos".

Com admiráveis doutrinas desta casta fomentamos as ambições dos príncipes e oferecemos-lhes o que lhes agrada. E como se houvesse o perigo de o mundo algum dia estar em paz, servimo-nos das palavras de Cristo para propugnar

([40]) *Lc* 22. 36.
([41]) *Lc* 22. 35 - 37.
([42]) *Mt* 6. 25 - 34; *Lc* 12. 22 - 31.

a guerra; e como se nos arreceássemos de que a avareza dos mortais afrouxasse no ajuntar riquezas, fazemos de Cristo instigador da acumulação de bens, deturpando a este intento as suas palavras, como se ele tivesse prescrito – e não tolerado – aquilo que antes tinha proibido. Antes que o Evangelho surgisse, o mundo tinha as suas leis, castigava, guerreava, amontoava em cofres e em despensas. O Senhor não viera para aconselhar o que nos tinha sido permitido – isto é, até que limite era lícito afastarmo-nos da perfeição –, mas sim qual era o escopo que deveríamos procurar atingir em conformidade com as nossas forças. É suspeito de heresia quem vivamente dissuade da guerra, e são considerados ortodoxos e mestres de piedade cristã os que com tais ficções debilitam o vigor da doutrina evangélica e fornecem aos príncipes ensejos para comprazerem aos seus apetites. O mestre verdadeiramente cristão nunca aprova a guerra, pode ser que ocasionalmente a tolere, mas compungido e a contragosto.

– "Mas", dizem, "a lei da natureza ordena algo que foi reconhecido pelas leis e aceite pelo costume, isto é, que devemos repelir a força com a força e que cada um de nós deve salvaguardar a sua vida do mesmo passo que a sua riqueza, visto que esta *desempenha a função da respiração,* como afirma Hesíodo" ([43]). – Não o nego. Mas, mais poderosa que tudo isto, a graça evangélica ordena que não respondamos com injúrias aos que nos injuriam, que queiramos bem aos que nos querem mal, que demos a totalidade das nossas riquezas àquele que nos tira uma parte, que rezemos também por aqueles que nos ameaçam com a morte. – "Mas", afirmam, "isso apenas toca aos apóstolos!" – Bem pelo contrário!, isso toca à totalidade do povo e corpo de Cristo, como dissemos, corpo que é força que forme um todo, ainda que, quanto aos méritos, um membro seja mais ilustre do

([43]) *Trabalhos e Dias* 688.

que outro. A doutrina de Cristo não tem nada a ver com os que não esperam como prémio reinar com Cristo. Combatem pela riqueza, pelas terras e pelo poder todos quantos escarnecem do que disse Cristo: "bem-aventurados os pobres em espírito" ([44]), isto é, os que neste mundo não desejarem nenhuns bens materiais ou honrarias. Os que colocaram o máximo da felicidade nestas riquezas, pelejam para defender a vida, mas possuem tal natureza que não compreendem que essa vida é antes morte que vida e que aos justos os aguarda a imortalidade.

Mas já nos objectam com o exemplo de alguns papas, que não só instigaram como ajudaram à guerra. Objectam-nos com os decretos dos Padres, nos quais há visos de aprovar-se a guerra. – É certo que existem alguns nesse sentido, mas encontram-se entre os Padres mais recentes, quando o vigor da doutrina de Cristo já enlanguescia, mas mesmo esses decretos são pouco numerosos, ao passo que não têm conta os que, nas obras dos autores de comprovada santidade, tendem a apartar da guerra. Por que motivo preferimos lembrar-nos destes escassíssimos exemplos? Por que razão desviámos os olhos de Cristo para os homens e antes queremos seguir exemplos incertos do que uma autoridade incontestável? Os papas foram antes de mais homens. Além disso, pode acontecer que tenham sido mal aconselhados ou pouco vigilantes ou, enfim, pouco prudentes ou pouco piedosos ([45]). Ainda que nem sequer nesses exemplos que citas descobrirás que se tenha aprovado o género de guerras com que nós constantemente nos digladiamos. Prová-lo-ia com argumentos claríssimos, se não receasse alongar-me por mais tempo na digressão. São Bernardo louvou os combatentes, mas de tal sorte o fez, que

([44]) *Mt* 5. 3

([45]) Este período apresenta uma redacção bastante mais truculenta na edição de Paris de 1525: "Deinde fieri potest ut aut stulti fuerint aut mali" (*Além disso, pode acontecer que tenham sido tontos ou perversos*).

condena todo o nosso tipo de guerra. De resto, por que é que me há-de influenciar mais um escrito de São Bernardo ou uma dissertação de São Tomás, do que a doutrina de Cristo, o qual terminantemente me proibiu de resistir ao agravo, ao menos pelo modo com que o comum dos mortais resiste?

– "Mas", argumentam, "é lícito punir um malfeitor com o suplício, portanto também é lícito castigar uma cidade com a guerra". – O que a isto se poderia responder é demasiado longo para que deva ser aqui exposto. Apenas direi que há esta diferença: nos julgamentos o condenado é castigado em conformidade com as leis, ao passo que na guerra cada uma de ambas as partes trata a outra como réu. No primeiro caso, o mal só recai sobre aquele que cometeu o crime e o exemplo chega a todos; no segundo caso, a maior parte dos males abate-se sobre aqueles que não merecem – como sejam velhos, donas, meninos, raparigas. Por outro lado, se é possível obter-se algo de vantajoso da pior de todas as coisas, tal proveito é inteiramente canalizado na direcção de alguns bandoleiros abomináveis: tropa mercenária e salteadores intrépidos e talvez um punhado de capitães, que com as suas manhas tinham provocado a guerra precisamente com este fito e que nunca vivem melhor do que no completo descalabro da república. No primeiro caso, não se perdoa a um só para se atender à saúde de todos; no segundo caso, ao pretendermos punir alguns poucos, ou se calhar, um só, destruimos cruelmente tantos milhares de homens inocentes de qualquer culpa. É preferível deixar impune o delito de poucos – ao mesmo tempo que reclamamos a duvidosa punição de um ou de dois –, a pôr em indubitável perigo os nossos compatriotas e aqueles homens que são, ao mesmo tempo, nossos vizinhos e nossos inocentes inimigos – pois é este o título que lhes damos. Mais vale não fazer caso de um ferimento a que não é possível remediar sem grave dano de todo o corpo.

Por isso, se alguém protesta, alegando que é injusto não se castigar quem tiver errado, respondo, dizendo que é muito mais injusto que tantos milhares de inocentes sejam arrastados sem motivo para a mais extrema desgraça. Ainda que hoje vejamos que praticamente todas as guerras nascem de uns pretensos pretextos e dos pactos ambiciosos dos príncipes, quando estes, para submeterem à sua autoridade uma cidadezinha qualquer, arrastam todo o Estado para uma situação extremamente crítica. Depois, logo a seguir, revendem ou doam esta mesma povoação que fora submetida com tanto sangue.

Poderá alguém contestar-me: "Então não achas bem que os príncipes reivindiquem o seu direito?" – Sei que não compete a pessoas como eu porem-se com grande atrevimento a dissertar acerca dos assuntos dos príncipes: matéria que, mesmo que não entranhasse risco, todavia é mais dilatada do que convém a este lugar. Apenas direi que, se um qualquer pretexto há-de parecer causa idónea para declarar a guerra, então a ninguém podem faltar pretextos entre tão grandes mudanças e alterações como as que se dão nos negócios humanos. Qual o povo que alguma vez não foi expulso ou não expulsou alguém do seu território? Quantas vezes se transferiu de um sítio para se instalar noutro? Quantas vezes mudou deste para aqueloutro o mando supremo, quer por circunstâncias fortuitas, quer em virtude de alianças? Então, que os Paduanos reclamem hoje para si o território de Tróia, pois o antigo Antenor fora Troiano... ([46]) E os Romanos que exijam a África e a Hispânia, visto que outrora estas regiões pertenceram aos Romanos...

Demais, chamamos *domínio* àquilo que não é mais do que *administração*. Não é o mesmo o direito que se exerce sobre homens, livres por natureza, e o que se exerce sobre gado. Este mesmo direito que possuis, deu-to o acordo unânime do povo. Ora, se não me engano, quem dá tem o direito de tirar. Depois, vê de quão pouca coisa se trata! Não

([46]) Segundo a lenda, o Troiano Antenor teria sido o fundador de Pádua.

se combate para que esta ou aquela cidade se submeta a um príncipe bom, em vez de estar escravizada a um tirano, mas luta-se para decidir se há-de ser arrolada entre os títulos de Fernando ou de Sigismundo, ou se há-de pagar impostos a Filipe ou a Luís. É este aquele singular direito, por mor do qual o mundo inteiro se subverte com morticínios e guerras.

Mas, seja! Admitamos que vigora este direito e que não há diferença alguma entre o domínio privado e o Estado – entre rebanhos, comprados com o teu dinheiro, e homens, não apenas livres, mas cristãos. No entanto, é próprio do homem avisado ponderar se este direito vale tanto que mereça ser reivindicado a preço de tão inúmeros males dos seus concidadãos. Se não podes persuadir o ânimo do príncipe, ao menos apela ao do chatim. Este não lamenta o gasto, se se aperceber de que não pode evitá-lo sem correr o risco de uma despesa maior, e conta como ganho aquilo que puder concluir com êxito a troco de pequeníssimo prejuízo. Pelo menos que se imite, aplicando-o ao perigo do Estado, o exemplo tirado da vida familiar, que nos é dado por um chistoso e conhecido conto popular:

– Dois indivíduos da mesma família não se entendiam sobre como haviam de fazer uma partilha; e como nenhum deles quisesse ceder ao outro, tudo se encaminhava no sentido de que se recorresse à justiça e de que a contenda se resolvesse por sentença dos juízes. Consultavam-se advogados, preparavam-se os processos, o litígio já corria por mãos dos jurisconsultos. Reunidos os juízes e encetado o pleito com a apresentação das testemunhas, começa a tratar-se a causa: isto é, nasceu a guerra. Então, um dos dois litigantes, caindo em si a tempo, procurando em privado o adversário, fala-lhe nestes termos: " – Antes de mais, não fica bem que os interesses materiais separem quem a natureza uniu. Além disso, o resultado de uma pendência judicial é tão incerto como o da guerra. Em nossas mãos está o iniciá-la, não o concluí-la. A quantia em disputa não monta a mais de cem moedas de ouro. Se recorrermos às leis, gastar-se-á o dobro desta soma com notários, solicitadores, advogados, jurisconsultos, juízes e amigos de juízes. A todos estes será mister adular, lisonjear, dar: para já não me referir aos cuidados e fadigas de andar e correr de um lado para o outro. Por derradeiro, ainda que eu alcance vitória completa, mesmo assim é maior o incómodo do que o proveito. Por que não nos entendemos antes um com o outro, em vez de o fazer com estes bandoleiros, e repartimos entre nós o dinheiro, que seria mal empregado neles? Renuncia a metade da tua parte, eu renunciarei a outro tanto da minha. Assim não só ganharemos a nossa amizade, que de outro modo se perderá, mas também evitaremos um enfado tão grande. Se não estás disposto a ceder alguma parte, eu confio todo o negócio à tua decisão. Prefiro que estes bens fiquem nas mãos de um amigo, a que fiquem em poder destes insaciáveis saqueadores. Terei lucrado bastante se tiver salvaguardado a reputação, conservado um amigo e evitado tantas incomodidades."

O contendor ficou convencido tanto pela verdade das razões, como pelo humor do parente. Resolveram a questão um com o outro, perante a irritação de advogados e juízes, a quem deixaram logrados como a corvos com o bico aberto...

Empenha-te, pois, em imitar o bom senso destes dois homens num negócio muito mais arriscado. E não atendas somente àquilo que queres obter, mas também ao grande prejuízo de bens, aos grandes perigos, às grandes calamidades com que o hás-de obter, se o queres obter. Por isso, se ao pesares, como em pratos de balança, de um lado as vantagens e do outro os prejuízos, te dás conta de que é muito preferível uma paz iníqua a uma guerra – por que é que antes queres experimentar os acasos da guerra? Porventura existe alguém, a menos que seja louco, que pesque com anzol de ouro? Se vês muito mais despesas do que ganho, mesmo quando tudo corre prosperamente, então não vale mais renunciar a alguma parcela do teu direito, do que comprar um pequeníssimo ganho a preço de tão inúmeros males? É preferível que a honraria permaneça na posse de um qualquer, se é mister reivindicá-la com tão grande prejuízo de sangue cristão. Trata-se de uma pessoa que já detém o poder há muitos anos, que se habituou às suas rédeas, que é conhecido pelos seus súbditos, que cumpre as funções de príncipe, e há-de surgir alguém que, tendo descoberto um qualquer título antigo nas crónicas ou nos documentos delidos pelo tempo, subverta por completo a estabilidade bem ordenada do Estado? Para mais, ao vermos que nos negócios humanos não há coisa que se mantenha durante muito tempo no seu lugar, mas tudo vem e desaparece por capricho do destino, como arrastado por alguma maré, que fim visa reivindicar com tão grande tumulto aquilo que em breve, por força de um qualquer acaso, há-de passar para as mãos de outro?

Finalmente, se os cristãos não conseguem desprezar estas coisas tão somenos, por que é que se precipitam logo de imediato para a guerra? O mundo tem tão grande quantidade de bispos sérios e eruditos, tem tão grande quantidade de abades, tão grande quantidade de nobres, carregados de anos e de saber por uma longa experiência, tão grande quantidade de concílios, tão grande quantidade de assembleias, não embalde instituídas pelos antigos: por que é que não se recorre à sua arbitragem para se resolverem as fúteis quesílias dessa espécie que opõem os príncipes? Mas é mais virtuosa a linguagem daqueles que deram como pretexto a defesa da Igreja: como se na verdade o povo não fosse a Igreja, ou como se toda a dignidade da Igreja se cifrasse nas riquezas dos sacerdotes, ou como se a Igreja tivesse nascido, medrado e fincado sólidos fundamentos graças a guerras e destruições, e não, pelo contrário, mediante sangue derramado, constância no sofrimento e menosprezo da vida!

Acho que nem sequer se deve aprovar a guerra que frequentemenete movemos aos turcos. Realmente, não se avém com a religião cristã fazer depender a sua conservação de semelhantes recursos, nem é natural que começos destes produzam bons cristãos. Aquilo que se adquiriu pelas armas perde-se ao depois pelas armas. Pretendes conduzir os turcos até Cristo? Então, não façamos ostentação de riqueza, nem de violência militar, nem de força. Que eles vejam em nós não apenas o nome, mas aqueles que são os genuínos sinais do homem cristão: uma vida virtuosa, o zelo por fazer bem até aos inimigos, uma capacidade invencível para suportar todas as injustiças, o desprezo do dinheiro, a indiferença pela reputação, uma existência humilde; que se dêem conta de que aquela doutrina celestial está em consonância com uma vida que se ajusta a ela. É com estas armas que mais facilmente se subjugam os turcos. Hoje o corrente é assistirmos aos maus lutarem contra os maus. Direi mais, e prouvera a Deus que fosse com mais atrevimento que verdade: se prescindirmos do título e estandarte da cruz, nós hoje somos turcos a guerrearem-se com turcos.

Se a religião foi instituída pelo braço dos soldados, se foi consolidada pelas armas, se medrou graças às guerras, então salvaguardêmo-la com os mesmos recursos. Contudo, se tudo se levou a cabo através de processos opostos a estes, por que é que recorremos aos dos pagãos, como se estivéssemos desconfiados da ajuda de Cristo? Porém, argúem-nos: "– Por que é que não havemos de matar aqueles que nos querem matar?" – Então, parece-te intolerável que exista alguém mais criminoso do que tu? Por que é que não roubas o ladrão? Por que é que não injurias o injuriador? Por que é que não odeias aquele que te odeia? Porventura crês que é uma façanha cristã trucidar aqueles que nós não temos dúvida em considerar como ímpios – conquanto sejam homens por cuja salvação Cristo morreu –, estando desse modo a imolar uma vítima aceitíssima ao Diabo e a alegrar por duas vezes ao Inimigo, quer porque um homem foi morto, quer porque foi um cristão quem o matou? A maior parte, querendo parecer muito cristã, intenta fazer aos turcos o maior mal possível e, aquilo que não pode fazer, deseja-o vociferando maldições, com este mesmo procedimento nos fazendo ver que são pouco cristãos.

De idêntico modo, há algumas pessoas que, possuindo um desejo veemente de parecer ortodoxas, amaldiçoam com medonhas execrações aqueles a quem chamam heréticos, sendo talvez elas mesmas mais merecedoras deste epíteto. Quem quer parecer ortodoxo que se esforce por, usando de processos suaves, levar ao bom caminho quem se transviou. Cuspimos em cima dos turcos e, ao fazê-lo, cuidamo-nos excelentes cristãos: quem sabe se, aos olhos de Deus, somos mais abomináveis do que os próprios turcos! Ora, se os antigos pregadores do Evangelho tivessem tido em relação a nós as mesmas disposições que nós sentimos em relação aos turcos, onde estaríamos agora, nós que somos cristãos graças à paciência deles? Avante contra os turcos! Se podes, de ímpios converte-os em justos; se não podes, deseja-o, e reconhecerei em ti um espírito cristão.

Existem na Terra muitas ordens de monges mendicantes que desejam ser tidos por colunas da Igreja. De tantos milhares, qual é o pequeno número dos que estão dispostos a desprezar a vida em prol da propagação da religião de Cristo? "Mas se não há esperança de o conseguir!", dizem. – Pelo contrário, até haveria a máxima esperança, caso mostrassem os costumes dos seus fundadores Domingos e Francisco, varões nos quais creio ter existido o maior desprezo pela vida, para já não me referir aos costumes dos apóstolos. Nem sequer os milagres nos hão-de faltar, se a glória de Cristo tal requerer. Hoje, os que se vangloriam de ser vigários e sucessores de Pedro, príncipe da Igreja, e dos restantes apóstolos, depositam geralmente toda a confiança nos recursos humanos. Mas estes austeros seguidores da verdadeira religião vivem em cidades opulentas e corrompidas pelo luxo, onde mais prestes eles mesmos se corrompem do que tornam perfeitos os outros e nas quais existem pastores cabonde para ensinar o povo e sacerdotes em barda para entoar os louvores de Deus. Vivem nas cortes dos príncipes, abstendo-me eu por ora de dizer o que aí fazem. Queira Deus que não seja coisa pior do que *um cão no balneário* ([47]). Escancaram as goelas para os testamentos, andam à caça do ganho, servilizam-se à tirania dos príncipes e, para não parecerem ociosos, fazem a censura de artigos *errôneos, suspeitos, escandalosos, irreverentes, heréticos e cismáticos*. De facto, preferem ser eles mesmos a reinar com dano do povo cristão, a propagar o reino de Cristo com risco das suas pessoas.

Todavia, aqueles a quem nós chamamos turcos, na sua grande maioria são semicristãos, e provavelmente estão mais próximos do verdadeiro cristianismo do que muitos de nós. Com efeito, quantos não há entre nós que nem crêem na ressurreição dos corpos nem acreditam que a alma sobrevive ao corpo? E entrementes esses tais ensanham-se contra uns hereges de pequena envergadura que põem em dúvida que o romano pontífice tenha poder sobre as almas condenadas ao fogo do Purgatório. Arranquemos primeiro a tranca do nosso olho, pensemos depois em tirar o argueiro do olho do nosso irmão. O alvo da fé evangélica são os costumes dignos de Cristo. Por que é que nos afadigamos atrás das coisas que não têm nada a ver com os costumes, negligenciando aqueloutras que, à semelhança de colunas, uma vez retiradas, com elas cai por inteiro para sempre a fé? Enfim, quem nos dará crédito, a nós, que nos ataviamos com a cruz e com o rótulo do Evangelho, se a totalidade da nossa vida, em todos os aspectos, não se vangloria de outra coisa que não seja o mundo? Além disso, Cristo, no qual nada existia de imperfeito, "não apagou a mecha que fumega nem esmagou a cana quebrada" – seguindo desse modo à risca a profecia ([48]) –, mas

([47]) Corresponde ao *Adágio 339* da colecção erasmiana, que o explicita do modo seguinte: "Deverá aplicar-se àquelas pessoas tão completamente inadequadas para uma coisa quanto um cão nada tem a fazer num balneário".
([48]) *Mt* 12. 20. Com alusão à profecia de Isaías: 42. 3.

conserva e tolera aquilo que é imperfeito, até ao momento em que se torna melhor. Nós aparelhamo-nos para acabar pelo ferro com toda a Ásia e a África, ainda que aqui vivam muitos cristãos ou semicristãos. Por que é que não os conhecemos primeiro, transigindo com eles e corrigindo-os com indulgência?

Mas, se desejamos dilatar o poder, se avidamente apetecemos as riquezas daqueles povos, por que é que alegamos o título de Cristo para uma coisa tão profana? Por que razão é que, ao tempo em que nos empenhamos em atacar esses povos usando unicamente de recursos humanos, estamos a pôr em perigo evidente toda aquela porção da terra que nos resta? Quão pequeno é o canto da terra que nos foi deixado! Quão imensa é a multidão dos bárbaros que nós, sendo tão poucos, desafiamos! Mas dir-me-á alguém: " – Se Deus está a nosso favor, quem poderá estar contra nós?" – Arguição razoável de quem apenas confia na ajuda de Deus. De facto, àqueles que se estribam em ajudas de índole diversa, que lhes diz o nosso general Jesus Cristo? – *Quem mata com a espada, morrerá pela espada* ([49]). Se queremos fazer com que Cristo triunfe, armemo-nos com a espada da palavra evangélica, ajustemos o elmo da salvação, embracemos o broquel da fé e usemos toda a restante panóplia verdadeiramente apostólica. Desta forma sucederá que tanto mais venceremos quanto mais formos vencidos.

Mas suponhamos que nos corre a contento a sorte da guerra, quem é que jamais viu que se tornassem em verdadeiros cristãos homens que foram coagidos pelo ferro, pelo morticínio, pelos incêndios e pelas pilhagens? É um mal menor ser às abertas turco ou judeu, do que ser um cristão hipócrita. – "Mas é mister afastar de sobre as nossas cabeças a ameaça do poder dos turcos!" – Então, por que é que, dilacerando-nos com mútuos conflitos, desafiamos o seu

([49]) *Mt* 26. 52; *Jo* 42. 3.

poder a abater-se sobre as nossas cabeças? Seguramente que, havendo harmonia entre nós, não será fácil que nos ataquem, e mais prestes serão convertidos à fé pelos nossos bons ofícios se forem poupados, do que se forem destruídos. Prefiro um turco sincero a um cristão dissimulado. A nós cabe-nos semear a semente evangélica, Cristo dará a colheita. A messe é farta, se não faltarem os obreiros. E ainda que consigamos converter alguns turcos em maus e fingidos cristãos, quantos cristãos converteremos de bons em maus, e de maus em piores? Pois que outra coisa há-de gerar a enorme agitação da guerra? Deus me livre de levantar aqui suspeições sobre aquilo de que somos informados, ai de nós, com uma frequência demasiado excessiva! Ou seja, que se dá como pretexto o rumor de um ataque turco para, com esta desculpa, espoliar o povo cristão, de modo a que, depois de oprimido e abatido de todas as maneiras, suporte mais servilmente a tirania dos príncipes laicos e eclesiásticos.

Tudo isto, não o disse porque condene de forma incondicional a guerra contra os turcos, se eles de moto próprio nos atacarem, mas disse-o para que empreendamos a guerra, que alegamos fazer em nome de Cristo, com ânimo cristão e com o apoio de Cristo. Que os turcos sintam que são convidados para a salvação, não guerreados por amor da presa. Mostremos-lhes costumes dignos do Evangelho, se faltar a eloquência àqueles de nós que disputarem com eles: o próprio teor da nossa vida possuirá uma grande eloquência. Mostremos uma profissão de fé simples e verdadeiramente apostólica, e não tão sobrecarregada com invenções humanas que se aditaram. Acima de tudo, exijamos deles aquelas coisas que nos foram claramente transmitidas pelas Santas Escrituras e pelas cartas dos apóstolos. Será mais fácil o acordo acerca de poucas coisas, e a concórdia firmar-se-á mais facilmente se, acerca da maior parte dos pontos, cada um tiver liberdade de interpretação – contanto que se ache ausente o espírito de contenda.

Mas acerca destas matérias ouvir-se-á falar com bastante mais abundância, assim que sair a público um livro, que intitulámos *Antipolemo*, que, há uns anos, quando vivíamos em Roma, escrevemos para o papa Júlio II, numa altura em que se deliberava sobre fazer guerra contra Veneza ([50]). Mas isto, mais convém deplorá-lo do que desmenti-lo.

Se alguém examinar o assunto mais cuidadosamente, descobrirá que quase todas as guerras dos cristãos nasceram ou da demência ou da perversidade. Alguns homens moços e sem experiência são a ela incitados pelos maus exemplos dos seus antepassados e das histórias, que homens tontos extraíram de tontos documentos; em seguida, instigados pelas exortações dos lisonjeiros, estimulados pelos jurisconsultos e pelos teólogos, com a aprovação ou indulgência dos bispos – se calhar até por eles instigados – empreendem a guerra com mais irreflexão do que maldade, aprendendo à custa da desgraça de toda a terra que a guerra é algo que se deve evitar por todos os meios.

A uns, impele-os à guerra um ódio secreto; a outros, a ambição; a outros, a ferocidade de ânimo. Aliás a nossa *Ilíada* nada mais contém que não seja a violência de reis e povos ensandecidos.

Há aqueles que se movem à guerra exclusivamente para poderem por esta via exercer mais facilmente a tirania sobre os seus súbditos. De facto, em tempos de paz a autoridade do senado, a dignidade dos magistrados e a força das leis impedem o seu tanto que o príncipe possa fazer qualquer coisa que lhe apraza. Porém, uma vez desatada a guerra, já o mando supremo passou a estar sujeito ao arbítrio de poucos. São exaltados ao poder aqueles a quem o príncipe quer bem e são derribados aqueles a quem é hostil. Fazem-se as maiores exigências possíveis de dinheiro. Para quê alongar-me? Só então sentem que são realmente monarcas. Entrementes os

([50]) Obra que não chegou até nós.

cabos de guerra conluiam-se entre si, até acabarem de roer por completo o desgraçado povo. Homens que têm esta disposição de ânimo, cuidas porventura que não hão-de ser lestos em agarrar uma qualquer oportunidade de guerra que se lhes depare?

Depois, ocultamos a nossa doença com pretextos respeitáveis. Apeteço as riquezas dos turcos e escuso-me com a defesa da religião: submeto-me ao meu rancor, e alego os direitos da Igreja. Escravizo-me à ambição, vou empós a ira, uma disposição de ânimo indomável e violenta arrebata-me – e desculpo-me alegando um tratado que foi desrespeitado, uma amizade que foi violada, a omissão de não sei quê no que concerne às cláusulas matrimoniais, ou qualquer outra coisa por este teor. E o espantoso é que não obtêm aquilo que ambicionam e, ao tempo que esquivam tolamente este ou aquele mal, caem noutro, ou até no mesmo muito mais agravado.

Ora, se é o desejo de glória que os arrasta, conservar é muito mais glorioso do que destruir, é muito mais nobre erigir uma cidade do que derribá-la. Depois, ainda que a guerra se faça com os resultados mais favoráveis, como é pequena a porção de glória que caberá ao príncipe! Glória de que o povo reivindica para si uma grande parte – pois foi graças à sua riqueza que se levou a bom termo a acção militar; a maior, porém, tal como ela ordinariamente se faz, cabe ao soldado estrangeiro e ao mercenário; alguma, aos generais; a máxima, ao destino, que tem muita força em todos os aspectos da realidade, mas sobretudo na guerra.

Se a bizarria de ânimo é que te estimula à guerra, peço-te que atentes em como desse modo não estás a zelar pela tua dignidade. Ao não quereres ceder a um só – por exemplo, a um príncipe vizinho, se calhar teu parente e que porventura no passado te prestou bons serviços –, quão mais humildemente te dobras numa atitude suplicante, quando imploras o auxílio de bárbaros, e, o que é mais indigno, de homens aviltados por toda a sorte de crimes, se é que convém chamar homens a feras desta espécie; quando fazes promessas, adulas e bajulas violadores, assassinos e ladrões – pois são homens desta casta os que fazem a guerra; e ao tempo que te esforças por te mostrar um ferrabrás contra os teus pares, és constrangido a submeter-te à ínfima ralé dos mortais; e enquanto tudo fazes para conseguir expulsar do seu território um qualquer vizinho, é forçoso que consintas no teu território uma pestilentíssima turbamulta de patifes. Não confias no parente, e fias-te de uma multidão de soldados? Quão maior segurança te poderia oferecer a concórdia?

Se o lucro te atrai, faz as contas. A guerra poderia parecer--te bem se não tivesses descoberto que o ganho que se obtém através de despesas que não se podem calcular, não só é menor, como até incerto.

Mas tu velas pelo bem comum: ora, para os Estados, não há caminho mais rápido e mais desgraçado para a perdição que o da guerra. Antes de a empreenderes, já causaste maiores males à pátria do que os benefícios que lhe hás-de ocasionar como vencedor. Esgotas as riquezas dos cidadãos, mergulhas os lares no luto, enches tudo de gatunos, salteadores e violadores, pois são estes os engendros que a guerra dá de si. E porque anteriormente tivesses gozado do direito de usufruir de toda a Gália, por tua culpa te vês privado de muitos territórios ([51]).

Se amas deveras os teus súbditos, por que é que não te acode ao espírito o seguinte? – "Por que é que hei-de expor a todos os males esta mocidade tão luzida? Por que é que hei-de privar dos seus maridos tão grande número de mulheres, dos seus pais tão grande número de filhos? Por que é que hei-de reivindicar, com o sangue dos meus súbditos, não sei que título e um direito duvidoso? Havendo-se feito

([51]) Alusão ao rei francês Francisco I.

guerra com pretexto de defender a Igreja, vimos os sacerdotes serem esbulhados por tributos sucessivos com mais violência do que o poderia fazer algum inimigo. Por isso, ao tempo que ineptamente evitamos o fosso, nele nos precipitamos de moto próprio. Ao tempo que não conseguimos tolerar uma injúria sem importância, atacamo-nos a nós mesmos com as maiores afrontas. Ao tempo que temos vergonha de parecer submissos a um príncipe, humilhamo-nos a suplicar aos mais baixos. Ao tempo que de forma impudente aspiramos à liberdade, nós mesmos nos enredamos nas malhas da mais pesada servidão. Ao tempo que andamos à caça de um ganho insignificante, enfraquecemo-nos, a nós e aos nossos, com perdas imensas." – Cabia ao homem prudente ponderar estas coisas de si para consigo; ao cristão, se de facto for verdadeiramente cristão, cabia, por todos os meios, fugir, execrar e afastar uma coisa tão infernal e tão alheia tanto da vida como da doutrina de Cristo.

Se, depois de não teres deixado de tentar nenhum recurso e após o zelo da paz te ter levado a envidar todos os esforços, mesmo assim, por culpa da perversidade de muitos, de nenhuma forma se pode evitar a guerra, então restar-te-á tudo fazer logo de seguida para que uma coisa ruim se resolva por acção de gente ruim e se conclua com o mínimo derramamento possível de sangue humano. Pois, se nos esforçamos por ser de facto aquilo de que temos a reputação, isto é, que "não cobiçamos nem pretendemos nada do que é deste mundo"; se fazemos a guerra "apenas para dela nos escaparmos com a máxima ligeireza"; se "com todo o ímpeto somos arrebatados para as coisas celestiais"; se "pomos a suma da nossa felicidade unicamente em Cristo"; se "acreditamos que só nele foi colocado tudo quanto há de verdadeiramente bom, de verdadeiramente glorioso, de verdadeiramente deleitável"; se "estamos persuadidos de que o homem justo não pode ser ofendido por ninguém"; se "avaliamos o quão vãos e o quão passageiros são os ultrajes das coisas humanas"; se "consideramos profundamente como é difícil que o homem de algum modo se transforme em Deus, e que aqui, mediante uma preparação verdadeiramente infatigável, de tal modo se purifique das manchas deste mundo, que em seguida, abandonado o invólucro do corpo, se retire para a comunidade dos anjos"; em resumo, se satisfazemos estes três requisitos, sem os quais ninguém granjeia o nome de cristão: inocência, para sermos puros de pecados; caridade, para, quanto for possível, fazermos bem a todos; paciência, para suportarmos os que nos fazem mal e, se possível, cobrirmos a ofensa sob o manto dos benefícios – se fizermos tudo isto, então pergunto: que guerra pode surgir entre nós por causa de ninharias? Se Cristo é uma ficção, por que é que não o expulsamos francamente? Por que é que nos jactamos do seu nome? Se deveras ele é *o caminho, a verdade e a vida* ([52]), por que é que todo o nosso sistema de vida está em tão grande desacordo com este modelo? Se reconhecemos a Cristo como mestre, o qual é caridade e não ensinou nem transmitiu outra coisa que não fosse caridade e paz: pois bem!, então imitemo-lo, não com títulos e insígnias, mas com acções e com a vida. Abracemos o amor pela paz, para que por seu turno Cristo nos reconheça por seus.

Consagrem as suas deliberações a este intento os papas, os príncipes e os Estados. Até hoje derramou-se demasiado sangue cristão. Demos demasiadas alegrias aos inimigos do nome cristão. Se, seguindo o seu hábito, o povo se agita um pouco, que os príncipes o contenham, pois a eles convém desempenharem na república o papel que no corpo cabe aos olhos e na alma à razão. Depois, se os príncipes provocam alguma perturbação, certamente que compete aos papas apaziguar, com a sua prudência e autoridade, o desassossego público.

([52]) *Jo* 14. 6.

Já saciados de guerras tão prolongadas, que enfim o desejo da paz nos toque! Para ela nos arrasta a própria desgraça, por ela insta o mundo cansado de males, a ela convida Cristo, a ela exorta o Sumo Pontífice Leão X, que faz na terra as vezes do Salomão verdadeiramente pacífico Jesus Cristo – para fazer mal, cordeiro, leão que ruge contra tudo quanto se opõe à piedade, do qual todos os desejos, todas as deliberações e todos os desvelos se encaminham no sentido de que uma comum concórdia una aqueles a quem liga uma fé comum. Esforça-se para que a Igreja resplandeça, não pelas riquezas ou pelo poder, mas pelas suas qualidades próprias e específicas. Cargo decerto formosíssimo e inteiramente digno de um tal herói, rebento daqueles ilustríssimos Médicis, que graças à sua ciência política fizeram com que a célebre cidade dos florentinos se tornasse florentíssima através de uma paz prolongada, e cujo lar foi o baluarte de todas as ciências nobres. Cabendo-lhe em sorte um temperamento brando e afável, desde a mais tenra infância, como é de uso dizer-se, foi instruído nas letras humanas e nas musas mais amenas: criado entre os varões mais sábios e como que no seio das musas, levou para o sumo pontificado uma vida e uma reputação irrepreensíveis, nem sequer na licenciosíssima cidade de Roma alguma vez mareadas com qualquer nódoa de fama desfavorável. Ele, não se ofereceu para o sumo pontificado, mas, sendo esta a última coisa do mundo que esperava, foi como que mandado vir nominalmente pela voz de Deus, para socorrer a humanidade fatigada por um longo período de guerras. Fique em poder de Júlio ([53]) a glória da guerra, que guarde para si as suas vitórias, guarde para si os sumptuosos triunfos. O quanto isto se ajuste a um pontífice cristão, não cabe a pessoas como eu o decidi-lo. Falarei nestes termos: a glória dele, fosse ela qual fosse, obteve-se a preço

([53]) Júlio II, antecessor de Leão X no sólio pontifício.

da destruição e sofrimento de muita gente. A paz restituída ao mundo alcançará para Leão uma verdadeira glória muito maior do que a que deram a Júlio tão grande número de guerras, ou arrogantemente provocadas, ou com êxito levadas a termo através de todo o mundo.

Mas é mais que justo que pareçamos fastidiosos àqueles leitores que antes querem ouvir falar de provérbios do que acerca da paz e da guerra.

QUEIXA DA PAZ

DESIDÉRIO ERASMO DE ROTERDÃO APRESENTA OS SEUS RESPEITOS AO EXCELENTÍSSIMO SENHOR D. FILIPE ([1]), BISPO DE UTREQUE.

Felicitar-vos-ia, bispo D. Filipe – nobilíssimo não menos pelas qualidades pessoais do que pela estirpe ducal –, por terdes sido honrado com tão elevado cargo, se não estivesse ciente de quão contra vontade o recebestes e quanto a contra gosto a isso fostes constrangido pela autoridade do óptimo e excelente príncipe D. Carlos ([2]), a cujo afecto, de qualquer forma, vos era mister não resistir. E, por outro lado, esta mesma circunstância dá-nos uma firmíssima esperança de que vireis a desempenhar com aplauso a vossa função, visto que Platão, homem de entendimento apuradíssimo e inteiramente divino, acha que só são idóneos para a governação do Estado aqueles que para este cargo são arrastados a contra gosto. Além disso, a nossa confiança em vós aumenta todas as vezes que nos lembramos das grandes qualidades, quer do irmão a quem sucedeis, quer do pai de que ambos procedestes. Na realidade, o vosso irmão David, varão tão sábio quanto prudente, de tal modo se houve durante muitos anos no desempenho desse lugar, que, com os seus merecimentos, ajuntou muito lustre e dignidade a um múnus já de si ilustríssimo. Foi, de facto, homem grande e admirável

([1]) Filipe da Borgonha, filho natural do duque da Borgonha Filipe *o Bom*. Em Março de 1517 ano de redacção e publicação da *Queixa da Paz* sucedera na cadeira episcopal de Utreque ao seu irmão David, a quem se faz referência no curso desta dedicatória e que fora, aliás, quem ordenara Erasmo presbítero, no ano de 1492.

([2]) O futuro imperador Carlos V, como duque da Borgonha, soberano dos Países Baixos desde 1515, "senhor natural", portanto, do roterdamês Erasmo.

a muitos títulos, mas especialmente no que toca aos meios de salvação da república, pois cuidava que nada é mais importante do que a paz pública, imitando também neste ponto o vosso pai D. Filipe, duque da Borgonha, cavalheiro que, conquanto excelente sob todos os aspectos, todavia foi nas artes da paz que se singularizou e é por elas que merece perpetuar-se na memória dos homens. Também nisto lhe devereis mais afincadamente seguir o exemplo, para não só estardes à altura do pai como filho, mas para corresponderdes a Filipe como Filipe.

A vossa sagacidade de há muito se apercebe de que é que todo o povo espera de vós. Carregais sobre os vossos ombros um triplo fardo: os exemplos do pai e do irmão e as fatalidades (pois de que outra sorte me hei-de exprimir?) desta época, que não sei como nos arrastam para a guerra. Ainda recentemente nós mesmos vimos como certas pessoas, mais danosas aos amigos do que aos inimigos, nada deixaram de fazer para impedir que algum dia se pusesse termo às guerras; também vimos como outros homens, que com toda a sinceridade desejam o bem do Estado e do príncipe, tiveram grande dificuldade em exprimir a opinião de que fazermos a paz com os Franceses é não só desejável, como até necessário nos dias que correm. Ao observar a indignidade de um comportamento deste tipo, senti-me impelido a escrever uma "Queixa da paz, banida de toda a parte", a fim de, ao menos desta maneira, desafogar ou aliviar a justíssima dor do meu espírito.

Envio-vos este livrinho, a título de presente devido a bispo recém empossado, para que Vossa Excelência se ocupe com todo o desvelo em conservar por todos os modos a paz; caso contrário ser-me-á custoso suportar a ideia de que ela seja esquecida apesar do grande preço que nos custou.

As minhas melhores saudações.

QUEIXA DA PAZ,
banida de todas as nações e destruída por toda a parte.
Da autoria de Desidério Erasmo, de Roterdão.

Fala a paz:

Se, embora o não merecesse, os mortais assim me repelissem, banissem e destruíssem movidos pelo seu proveito, somente lastimaria a sua iniquidade e a injustiça que contra mim praticam. Porém, ao ver como, ao destruírem-me, estão a afastar com as suas próprias mãos a fonte de toda a felicidade humana e a fazer cair sobre si o mar revolto de todas as calamidades, antes me cumpre deplorar a sua mofina do que a injustiça praticada contra mim, e teria preferido tão-só indignar-me contra eles a condoer-me da sorte dos que me vejo constrangida a compadecer. Com efeito, é desumanidade repelir quem quer que de alguma forma nos ama; ingratidão, afastar a quem nos bem merece; impiedade, maltratar quem nos dá e conserva a vida. Além disso, acaso não parece sinal de uma espécie de rematada loucura odiar-se a si mesmo e, em vez de tantas e tão singulares vantagens que eu trago comigo, buscar por iniciativa própria o odioso tremedal de toda a sorte de males? É justo que nos indignemos contra os criminosos; porém, diante dos possessos das fúrias, que outra coisa podemos fazer senão deplorar? De facto, estes devem ser deplorados precisamente por não se deplorarem a si mesmos e a sua maior infelicidade é não terem consciência de que são infelizes, porquanto o primeiro passo para a saúde é reconhecer a gravidade da moléstia.

Ora, se eu sou aquela celebrada paz, encarecida tanto pela voz dos deuses como dos homens, fonte, progenitora, aleitadora, acrescentadora e guardiã de tudo quanto há de bom assim no céu como na terra; se sem mim em parte alguma nada medra, nada é seguro, nada é puro ou santo, nada é deleitável aos homens ou agradável aos seres divinos; se, pelo contrário, uma única guerra, onde quer que surja, é uma espécie de oceano de todos os males; se, por culpa dela, emurchece o que medrava, se abate o que crescia, se abala o que se consolidava, perece o que tinha firmes alicerces e amarga quanto era doce; por derradeiro, se é algo a tal ponto sacrílego, que não passa de uma violentíssima destruição de toda a piedade e religião; se nada existe de mais funesto para os homens e de mais odioso para os seres divinos do que ela, pergunto, por Deus imortal, quem é que pode crer que sejam homens e que possuam dentro de si alguma cintila de racionalidade, criaturas que, sendo eu quem sou, se empenham com tamanho esforço, com tamanho zelo, com tamanha energia, com tantos ardis, com tantas diligências e com tantos perigos em banir-me, e que queiram adquirir por preço tão elevado um número tão grande de males?

Se os animais selvagens me desprezassem desse modo, tolerá-lo-ia mais facilmente e atribuiria a afronta que me fora infligida à natureza, que os dotara de um instinto feroz; se o bruto gado tivesse sentido ódio por mim, perdoá-lo-ia em atenção à sua ignorância, visto que foi privado da capacidade de entendimento, que é a única que permite avaliar as vantagens que possuo. Porém, oh coisa indigna e mais que extraordinária!, a natureza só produziu um animal dotado de razão e susceptível de entendimento divino, só gerou um ser capaz de bondade e de concórdia, e, não obstante, encontro mais depressa albergue entre as bestas, por mais feras que sejam, e entre o gado, por mais bravio que o imaginemos, do que entre os homens!

Passando para os corpos celestes, que são tantos: embora as suas órbitas não sejam as mesmas nem igual a sua energia, todavia já há muitos séculos que se harmonizam e regem por uma lei. As forças dos elementos que se opõem umas às outras mantêm uma paz eterna através de um equilíbrio constante e, no meio de uma tão grande agitação, conservam a concórdia graças a um consenso e trato recíproco. Nos corpos dos seres vivos, como é firme a harmonia dos membros entre si e quão ajustada para a defesa mútua! Que existe de mais diferente do que o corpo e a alma? E todavia o próprio acto de se separarem mostra com toda a evidência com quão estreita intimidade a natureza ligou ambos. De forma que, assim como a vida não é mais do que a união do corpo e da alma, assim a saúde consiste na harmonia de todas as qualidades do corpo.

Os animais privados de razão, cada um dentro da sua espécie, vivem em bons termos e em concórdia uns com os outros. Os elefantes em manadas, as ovelhas e os porcos pascem em grupo, os grous e as gralhas voam em bandos, as cegonhas, que também nos dão lições de devoção filial, têm os seus ajuntamentos, os golfinhos entreajudam-se mediante serviços mútuos e é do conhecimento geral a organização solidária que une entre si as formigas e as abelhas.

Mas para que continuo a falar destes criaturas, as quais, conquanto careçam de razão, não carecem de sentidos? Nas árvores e nas ervas é possível discernir-se um sentimento de amizade. Existem certas plantas que ficam estéreis se não puserdes junto delas o macho; a vide enrosca-se no olmeiro e o pessegueiro ama a vide. A tal ponto que parece que seres desprovidos de sentidos são sensíveis aos benefícios da paz! Mas estes seres, se não têm a capacidade de sentir, em compensação, naquela medida em que se acham dotados de vida são semelhantes aos seres dotados de sentidos. Que existe de tão irracional como a raça das pedras? Sem embargo, dir-se-ia que também lhes é inato um sentimento de paz e concórdia. Pois o íman atrai para si o ferro e mantém-no preso depois de o atrair.

E que dizer a que isto também se aplica às feras mais

selvagens? A ferocidade dos leões não contende com os da mesma espécie. O javali não atassalha os outros javalis com as presas assassinas, os linces vivem em paz com os linces, a serpente não se assanha contra a serpente e, quanto aos lobos, até se tornou proverbial a harmonia que reina entre eles. Acrescentarei algo que ainda daria visos de mais inverosímil: os espíritos réprobos, por cuja culpa se rompeu no princípio, e ainda hoje se rompe, a concórdia dos homens e dos seres celestiais, vivem entre si em harmonia e conservam aquela sua espécie de regime tirânico mediante consenso.

De todos os seres, são os homens aqueles a quem mais se ajustava a concórdia e que de longe mais dela necessitam, porém, de todos os seres, os homens são os únicos que nem a natureza – tão poderosa e eficaz sobre tudo o mais – põe de acordo, nem a instrução une, nem associam as inúmeras vantagens futuras resultantes de um entendimento recíproco, nem, enfim, a consciência e a experiência de tão grande número de males reconduz ao amor de uns pelos outros.

A aparência a todos é comum, a voz semelhante e, ainda que as restantes espécies animais acima de tudo se distingam umas das outras pelas formas dos corpos, só aos homens foi dada a capacidade de razão, a qual, assim como é comum a todos eles, não a têm em comum com nenhum dos restantes seres vivos. Só ao homem foi concedida a linguagem, que é o principal fautor das relações sociais; todos em geral foram dotados de sementes de saber e de virtudes, de uma natureza afável, pacífica e propensa a uma boa vontade recíproca, de tal forma que lhe agrada ser amada pelo que é e sente satisfação em fazer desinteressadamente bem aos outros – a menos que alguém, corrompido por desejos perversos, como se se tratasse dos filtros de Circe ([3]), se venha a transformar

([3]) Feiticeira cujos filtros transformaram em animais os companheiros de Ulisses, aos quais previamente seduzira com os seus amavios e trato hospitaleiro. *Vide Odisseia*, X 310. e ss.

de homem em besta fera. Daqui vem a razão pela qual o povo chama *humano* àquilo que tem a ver com a boa vontade de uns para com os outros, de tal maneira que a palavra *humanidade* para nós já não pretende significar a natureza do homem, mas os costumes próprios da natureza humana. Dotou-o também de lágrimas, prova de uma natureza sensível aos rogos, a fim de facilmente se fazerem as pazes, caso sobrevenha alguma ofensa ou alguma nuvenzinha empane o lustre da amizade.

Dais-vos conta do grande número de razões com que a natureza nos ensinou a concórdia? Todavia, não satisfeita com estas seduções que resultam da boa vontade de uns para com os outros, quis que, para o homem, a amizade não apenas fosse deleitável, mas também necessária. E por isso repartiu de tal sorte os dotes, tanto do corpo como do espírito, que não há ninguém que se ache tão munido de todos eles que, por vezes, também não recorra ao auxílio dos que lhe são inferiores; também não dotou todas as coisas com idênticas e iguais características, a fim de que esta dissemelhança se equilibrasse através de mútuos laços de solidariedade. As diferentes regiões produzem produtos diversos, para que até a própria necessidade fosse estímulo para as relações mútuas. Aos outros animais dotou-os a natureza com armas e recursos com que se defendessem, mas só ao homem fez nascer indefeso e fraco, dependendo para a sua salvaguarda exclusivamente do mútuo acordo e da solidariedade. Foi a necessidade que inventou as povoações e foi a necessidade que ensinou a associação de umas com as outras, a fim de, juntando as forças, poderem repelir os ataques das feras e dos salteadores. De tal forma que, em tudo que tem alguma coisa a ver com o homem, nada há que se baste a si mesmo.

A espécie humana teria perecido logo nos primeiros tempos de vida, se, uma vez criada, o bom entendimento conjugal a não tivesse perpetuado, pois o homem não nasceria, ou morreria pouco depois de nascer e desapareceria no limiar da existência, caso a mão amiga das parteiras e a compaixão benevolente das amas não socorressem o recém-nascido. Mas, com esta finalidade, a natureza dotou-os de um ardentíssimo instinto de amor, que faz com que os progenitores até amem aquilo que ainda não viram. Ajuntou o amor recíproco dos filhos para com os pais, para que a fraqueza destes seja por sua vez amparada graças à ajuda dos primeiros e para que venha a manifestar-se aquele sentimento, que certamente é válido para todos os homens em geral, mas que os Gregos expressaram da forma mais apropriada através da palavra ἀντιπελάργωσις ([4]). Acrescem a estes os laços de parentesco e de afinidade. Adite-se em algumas pessoas a semelhança de temperamento, de aparência física e de sentimentos, a qual é a mais certa conciliadora da mútua simpatia, havendo também em muitos homens uma espécie de sentido secreto e um impulso inexplicável para o afecto mútuo, que, na sua admiração, os antigos atribuíam ao *nume* ou *génio*.

Com um tão grande número de argumentos nos ensinou a natureza a paz e a concórdia; a elas nos convida com tão grande número de seduções; para ela nos arrasta e impele com tantos laços e motivos. E, não obstante, que Erínia foi essa, tão poderosa para fazer o mal, que, despedaçando, destruindo e derrubando tudo isto, implantou nos peitos humanos uma fúria insaciável de guerrear? Se o hábito não tivesse feito desaparecer, primeiro o espanto, depois até o sentimento perante o mal, quem acreditaria que se achavam providos de razão humana seres que, através de inacabáveis desentendimentos, querelas e guerras assim se combatem, digladiam e contendem entre si? Finalmente, lançam a perturbação em todas as coisas, tanto sagradas como

([4]) Em grego no original: "piedade filial". A palavra tem relação com πελαργός, "cegonha", ave dotada de sentimentos filiais assaz pronunciados, segundo pretendia a tradição antiga, de que já atrás Erasmo se fez eco.

profanas, com pilhagens, sangue, assassínios e destruições, e não existem alianças, por mais sagradas, que eles não sejam capazes de violar, arrastados pela loucura de se aniquilarem uns aos outros.

Em resumidas contas, para que houvesse harmonia entre os homens era suficiente o apelativo comum de *homem*. Mas já que sobre os homens não teve qualquer eficácia a natureza – que até nos animais selvagens tem tão grande poder –, será possível que até entre os cristãos de tal modo nada tenha podido Cristo? Que tenha pouca eficácia o ensino da natureza, que possui a maior força persuasiva até para os seres que se acham privados de sentidos, seja embora; mas, sendo o ensinamento de Cristo muito superior àqueloutro, por que razão é que não persuade os que se confessam seus seguidores daquilo que ele acima de tudo aconselha (isto é, a paz e a boa vontade recíproca), ou, pelo menos, dissuade desta impiíssima e feroz loucura de guerrear?

Quando escuto a palavra *homem*, logo acudo como se me dirigisse para um ser vivo nascido especialmente para mim, toda confiante em que junto dele poderei encontrar repouso; quando escuto a designação de *cristãos*, ainda mais me apresso, na convicção de que entre eles hei-de possuir senhorio indisputado. Mas até sinto pejo e vergonha em confessá-lo: as praças públicas, as basílicas, os senados e os templos estrondeiam por todas as partes com uma violência tal, como nunca se viu entre os pagãos. Em tal grau quc, embora uma boa parte do infortúnio humano se ache na turba dos advogados, esta, todavia, comparada com a tempestade dos litigantes, é um exemplo de sobriedade e de vida retirada. Ponho os olhos na cidade e imediatamente me nasce a esperança de que exista harmonia ao menos entre pessoas que habitam dentro das mesmas muralhas, são governadas pelas mesmas leis e a quem o perigo comum mantém unidas como se navegassem num mesmo barco. Mas, ai de mim!, também aqui encontro tudo alterado pelas desavenças, a tal ponto que dificilmente se consegue achar uma casa em que me possa alojar por algum tempo.

Mas deixo de lado a plebe, a qual, à semelhança do mar, é arrebatada pelo turbilhão da sua violência, e acolho-me às cortes dos príncipes como a uma espécie de porto. Digo-me que entre eles indubitavelmente terá a paz o seu assento, como é justo para quem, como eles, é a alma e os olhos da plebe. Pois eles estão postos no lugar daquele que é o mestre e príncipe da concórdia e que, embora a todos me recomende, a eles muito especialmente encarregou de velarem por mim. E tudo dá de si boas esperanças. Vejo afáveis cumprimentos, abraços afectuosos, alegres banquetes e as restantes mostras de sociabilidade. Porém, oh indignidade!, não pude divisar entre eles nem a sombra da verdadeira harmonia. Tudo é simulado e fingido; não há nada que não esteja corrompido pela intriga desembuçada ou pelas desavenças e rivalidades solapadas. Percebo, ao cabo, que ao invés de a paz encontrar guarida no meio deles, é antes neste sítio que se acham as fontes e sementes de todas as guerras.

Posto isto, pobre de mim, para onde hei-de voltar-me, ao ver tantas vezes gorada a minha esperança? Mas também é certo que, nos príncipes, é maior o poder que o saber, arrastando-os mais a paixão do que o ponderado parecer do entendimento. Buscarei acolhida entre a grei dos sábios, pois as boas letras dão-nos homens, a filosofia mais que homens e a teologia dá-nos santos. Seguramente que me será concedido encontrar repouso no meio deles, depois de ter feito todos estes rodeios. Mas, santo Deus!, eis que até aqui deparo com outra espécie de guerras, menos sanguinária, é certo, mas nem por isso menos louca. Uma escola opõe-se a outra escola e, como se a verdade mudasse com os lugares, assim certos princípios doutrinais não cruzam o mar, outros não atravessam os Alpes, outros não transpõem o Reno, e até, na mesma academia, o dialéctico tem guerra com o retórico e o teólogo se opõe ao jurisconsulto. Chega-se ao ponto de, dentro do mesmo género de profissão, o tomista pelejar com o escotista, o nominalista com o realista, o platónico com o peripatético, de tal forma que nem sequer chegam a acordo em pontos de quotiliquê e amiúde se digladiam com a máxima violência acerca de questões de lana caprina, até que o calor da discussão recrudesce, passando dos argumentos aos insultos, dos insultos às punhadas, e, se a questão não se resolve com punhais e lanças, trespassam-se com penas ervadas, mordem-se uns aos outros com escritos armados de dentes, cada um vibra o dardo mortífero da língua contra o bom nome do outro.

Para onde hei-de dirigir-me, depois de ter sido lograda tantas vezes? Que me resta, senão socorrer-me da sagrada âncora da religião? Embora todos os cristãos em geral façam profissão dela, todavia quem a professa de modo particular, tanto pelo nome, como pelo género de vida e cerimónias que praticam, são aqueles homens aos quais vulgarmente se dá o nome de sacerdotes. Por conseguinte, a quem neles põe de longe os olhos, tudo dá a esperança de que ali encontrarei abrigo. Sorri-nos a alvura das vestes, lustrosas com a minha cor; vejo as cruzes, símbolos da paz; ouço aquele suavíssimo tratamento de *irmão*, sinal de um amor extraordinário; ouço as saudações da paz, prenhes de bons desejos; diviso a comunhão de todos os bens, a vida em comum da corporação, o mesmo templo, as mesmas leis, as reuniões diárias. Quem é que não se convence de que há-de estar aqui o paradeiro da paz? Mas, oh indignidade!, quase não há uma corporação que esteja em harmonia com o bispo, e isto seria o de menos, se também não se dividissem em facções. Quão poucos são os sacerdotes que não têm contendas com algum sacerdote? São Paulo acha inadmissível que um cristão tenha demandas com outro cristão ([5]): e o sacerdote pleiteia com o sacerdote, o bispo com o bispo! Mas é possível que algumas pessoas se mostrem dispostas a desculpá-los, olhando a que, após um

([5]) *I Cor* 6. 7.

já longo trato, quase se transferiram para a comunidade dos leigos, depois que começaram a possuir as mesmas coisas que eles. Pois deixemo-los disfrutar muito embora a seu talante daquilo que para si reivindicam como se se tratasse de um privilégio.

Ainda resta uma categoria de homens que de tal forma se vincularam à religião que, mesmo que o queiram, de nenhuma maneira lhes é possível deixá-la, exactamente à semelhança do que acontece à tartaruga com a sua carapaça. Confiaria em encontrar refúgio entre eles, caso um tão grande número de esperanças frustradas me não tivesse ensinado a desesperar por completo. Mas, enfim, para que nada fique por tentar, hei-de experimentar. Perguntais-me o resultado? Nunca tive de fugir mais depressa de junto de ninguém! Com efeito, que se poderia esperar de um lugar onde a religião não se entende com a religião? São tantas as facções quantas as ordens; os dominicanos contendem com os minoritas, os beneditinos com os os bernardos; tão grande número de nomes, tão grande número de práticas, tão grande número de cerimónias diferentes no culto, para que não tenham acordo sobre coisa alguma, achando-se cada um satisfeito com o que é próprio da sua corporação, condenando e odiando o que pertence às outras. E até a mesma ordem se divide em facções, os observantes invectivam os recolectos, e uma terceira variedade deles, que se chamam conventuais, está com eles em desacordo acerca de tudo.

Ora, perdida, como é justo, completamente a esperança em todas as coisas, estava até disposta a ocultar-me em um qualquer mosteirinho onde houvesse uma verdadeira tranquilidade. Direi constrangida aquilo que prouvera a Deus que não fosse demasiado verdadeiro: até hoje, ainda não encontrei um que não tivesse sido infectado por disputas e ódios intestinos. Causa pejo contar quantas lutas, por causa de ninharias e futilidades completamente insignificantes, são provocadas por anciãos, venerandos pelas suas barbas e hábito, e, a seu juízo, imensamente sábios e santos.

Sorria-me alguma esperança de vir a encontrar qualquer tipo de albergue algures entre tão grande número de casais. Pois, que é que eu não posso esperar de um lar comum, de uma sorte comum, de um leito comum e de filhos comuns – enfim, do mútuo direito aos próprios corpos, de tal forma que nos é lícito crer que, em vez de dois seres humanos, se trata mais propriamente de um só moldado a partir de dois? Também aqui se introduziu aquela perversíssima Éride ([6]) e separou com desentendimentos pessoas que se achavam ligadas por tão grande número de vínculos. E, não obstante, mais depresssa se consegue pousada entre estes do que entre aqueloutros que, com tantos títulos, tantas mostras exteriores e tantas cerimónias professam a mais completa caridade.

Por derradeiro, comecei a formular o voto de encontrar lugar ao menos no peito de um único homem. Nem sequer isso consegui, pois o mesmo homem está em luta consigo mesmo. A razão está em guerra com as paixões e, ainda por cima, as paixões guerreiam-se umas às outras; enquanto a piedade impele numa direcção, a concupiscência arrasta noutra; depois, a sensualidade aconselha uma coisa, a ira outra, outra a ambição, outra a avareza. E, sem embargo, não sentem escrúpulo em chamar-se cristãos, conquanto se apartem daquele que é o principal e peculiar distintivo de Cristo. Ponde os olhos em toda a sua vida: que outra coisa é ela, senão um ensinamento de concórdia e de amor de uns pelos outros? Que outra coisa inculcam os seus preceitos e as suas parábolas, que não seja paz, que não seja mútua caridade? O grande profeta Isaías, ao anunciar, sob inspiração divina, que Cristo viria para ser o conciliador de todas as coisas, promete porventura um sátrapa? Ou um assolador de cidades? Ou um guerreiro? Ou um triunfador? De forma alguma! Então quê? – *O príncipe da paz* ([7]). Pois, como

([6]) Deusa da discórdia, irmã de Ares (o correspondente grego de Marte).
([7]) 9. 6.

pretendia referir-se ao melhor dos príncipes, caracterizou-o por aquela coisa que sobre todas tem a primazia. E não admira que esta tenha sido a opinião de Isaías, porquanto até um poeta pagão, como Sílio, se referiu a mim nos seguintes termos:

a paz é a melhor de quantas coisas
ao homem deu a natureza (8).

O celebrado harpista místico cantou a este intento, ao dizer: *E tem feito o seu assento na paz* (9). Diz *na paz*, e não *nas tendas* ou *nos arraiais*. É príncipe da paz, ama a paz, a desunião descontenta-o. E o mesmo Isaías chama à *justiça obra da paz* (10), pensando, se não me engano, o mesmo que pensou São Paulo, que de violento Saulo se tornou não só o pacífico Paulo, como também o mestre da paz, antepondo a caridade a todos os restantes dons do Espírito Santo: com que sentimento, com que sonora eloquência não fez ele o meu elogio aos Coríntios? (11) Pois porque não hei-de ufanar-me de que de tal forma me louve um varão tão louvado? Ora se refere a mim com a expressão *Deus de paz*, ora me chama *paz de Deus*, mostrando com toda a clareza que estes dois conceitos de tal forma se acham interligados que, onde Deus não está presente, não pode achar-se a paz, e que tão-pouco Deus se pode achar, onde a paz não está presente. Também lemos nas Sagradas Escrituras que se designam por *mensageiros de paz* (12) os homens piedosos e os ministros de Deus, para que se torne manifesto por si mesmo quais são aqueles que devemos tomar por mensageiros da guerra.

(8) Sílio Itálico, *Punicorum* XI. 592 - 593.
(9) *Sl* 75. 3.
(10) 32. 17.
(11) *I Cor* 13.
(12) *Is* 33. 7. ; *Mt* 2. 7.

Ouvi, ó combatentes denodados! Vede a quem pertencem os pendões sob os quais militais! Nada mais nada menos do que àquele que primeiro semeou a discórdia entre Deus e o homem. Todas as desgraças dos mortais devem ser atribuídas a esta discórdia. Com efeito, é ridícula a argumentação de certas pessoas, alegando que nas Santas Escrituras Deus é designado como *Deus dos exércitos* ou *Deus das vinganças*. Pois há grande diferença entre o Deus dos judeus e o Deus dos cristãos, ainda que, quanto à sua natureza, se trate de um só e mesmo Deus. Mas muito bem! Se nos agradam epítetos antigos, que seja muito embora *Deus dos exércitos*, desde que se entenda por hoste a união das virtudes, com cujo auxílio os homens piedosos destroem os vícios. Que seja *Deus das vinganças*, na condição de que interpretes como *vingança* a correcção das faltas e pretendas significar que as matanças sangrentas, com que estão cheios os livros dos hebreus, visavam não despedaçar os homens, mas expulsar-lhes do peito as paixões ímpias.

Mas prossigamos no tema que nos havíamos proposto. Sempre que a Escritura pretende referir-se a uma felicidade ilimitada, fá-lo servindo-se da palavra *paz*. Por exemplo, como se lê em Isaías: *Assentar-se-á o meu povo na formosura da paz* ([13]). E em outro autor, que diz: *Paz seja sobre Israel* ([14]). E o mesmo Isaías olha com admiração para *os pés dos que anunciam a paz, dos que anunciam as coisas boas* ([15]). Quem quer que anuncia Cristo, anuncia a paz. Quem quer que prega a guerra, prega aquele que é completa antítese de Cristo. Vejamos! Por que outro motivo veio à terra o Filho de Deus, senão para reconciliar o mundo com o Pai? Para

([13]) 32. 18.
([14]) *Sl* 125. 5.
([15]) 52. 7.

unir os homens entre si pelos laços de um amor mútuo e indissolúvel? Enfim, para tornar-se amigo do mesmo homem? Por conseguinte, fora enviado por minha causa e ocupava-se comigo. Por isso quis que Salomão, cujo nome se traduz por εἰρηνοποιός – isto é, *pacífico* –, fosse sua imagem. Pois a David, embora tenha sido grande, mas porque fora belicoso e se manchara com sangue, não foi permitido que edificasse a casa do Senhor nem lhe coube, neste sentido, representar a imagem do pacífico Cristo. – Atenta bem nisto, ó homem belicoso! Se mancham aquelas guerras que se empreenderam e fizeram por ordem da divindade, que farão aqueloutras que foram motivadas pela ambição, pelo ódio ou pela loucura? Se o sangue pagão que derramou teve força para manchar um rei piedoso, que fará um tão grande derramamento de sangue cristão? Rogo-te, príncipe cristão, se deveras és cristão, que ponhas os olhas no exemplo do teu Príncipe; observa como deu princípio ao seu reinado, como nele avançou, como o deixou, e imediatamente entenderás como a sua vontade é que governes tendo como tua primeira preocupação a paz e a concórdia.

Assim que Cristo nasceu, porventura fizeram os anjos soar trombetas de guerra? Ouviram-nas os judeus, a quem foi dada permissão para pelejar. Tratava-se de auspícios bem adaptados a pessoas como eles, pois era-lhes lícito sentir ódio pelos inimigos. Todavia, os anjos, mensageiros da paz, entoam para o povo pacífico um canto totalmente diferente. Porventura tocam o clarim? Porventura prometem vitórias, triunfos e troféus guerreiros? De maneira alguma! Então quê? – Anunciam a paz, em conformidade com as previsões dos profetas, e anunciam-na não àqueles que sentem desejos de morticínios e de guerras e vivem na ânsia desalmada de lançar mão das armas, mas àqueles que, pela sua boa vontade, são inclinados à concórdia. Desculpem os mortais com a sua debilidade o que quiserem: a verdade é que, se não amassem a guerra, não se maltratariam de tal modo uns aos outros com guerras incessantes.

Depois, já adulto, que outra coisa ensinou e expôs o mesmo Cristo, senão a paz? Além disso, saúda os seus com o voto de paz – *a paz esteja convosco* – e prescreveu-lhes esta forma de saudação, como sendo a única digna de cristãos. E, não se esquecendo deste preceito, os apóstolos encabeçam as suas cartas com a palavra *paz,* desejando paz àqueles a quem amam de modo muito extraordinário. Quem faz votos pela saúde está a fazer votos por algo de muitíssimo importante, mas quem quer que deseja a paz, está a desejar o máximo da felicidade. Ele que, enquanto viveu, não cessou nunca de a recomendar, olhai com quão grande solicitude a recomenda quando estava próximo da morte: *Que vos ameis uns aos outros, como eu vos amei a vós* ([16]). E também: *A minha paz vos dou, deixo-vos a paz* ([17]).

Ouvis o que deixa aos seus? Porventura cavalos? Porventura uma escolta? Porventura um senhorio? Porventura riquezas? Nada disso. Então quê? Dá-lhes a paz, deixa-lhes a paz: paz com os amigos, paz com os inimigos. Queria que também prestásseis comigo atenção àquilo que, estando já próximo o tempo da morte, instantemente implorou ao Pai depois da Santa Ceia. Parece-me que pediu coisa pouco corrente, pois sabia que haveria de obter o que quer que solicitasse. De facto, disse: *Pai santo, guarda-os em teu nome, para que sejam um, assim como nós* ([18]). Rogo-vos que atenteis na concórdia extraordinária que Cristo pretende para os seus; não disse *para que sejam unânimes*, mas sim *para que sejam um,* e isto não de qualquer maneira, mas, conforme diz, "assim como nós somos um, nós que, por um modo perfeitíssimo e inefável, somos o mesmo" – indicando assim que só sustentando entre si uma paz recíproca é que os mortais se podem salvar.

([16]) *Jo* 13. 34.
([17]) *Jo* 14. 27.
([18]) *Jo* 17. 11.

Depois, já que os príncipes deste mundo assinalam os seus súbditos com alguma marca particular mediante a qual possam distingui-los dos outros, sobretudo na guerra, vê com que sinal também Cristo quis distinguir os seus: nada mais nada menos que o do amor recíproco, pois disse: "*Nisto conhecerão os homens que sois meus discípulos*, não se vestirdes desta ou daquela maneira, não se comerdes destes ou daqueles alimentos, não se jejuardes muito, não se rezardes tão grande quantidade de salmos – mas *se vos amardes uns aos outros,* e isto não da forma corrente, mas *assim como eu vos amei* ([19]). Os preceitos dos filósofos são inúmeros, variados os de Moisés, sem conta as leis dos reis, mas", diz Cristo, "*o meu mandamento é só um: que vos ameis uns aos outros*" ([20]).

Ao prescrever aos seus a fórmula da oração, acaso logo no princípio não nos ensina de modo admirável a concórdia cristã? Pois diz: *Pai nosso* ([21]). A oração é de um só, o pedido é só um feito por todos em comum, o lar é só um e todos constituem uma só família, todos dependem de um só pai – e como é possível que com guerras incessantes combatam uns contra os outros? Com que descaramento interpelas o pai comum, se desembainhas a espada contra as entranhas do teu irmão? Porque acima de tudo quis arraigar bem fundo isto nas almas dos seus –, com quantos símbolos, com quantas parábolas, com quantos preceitos lhes inculcou o zelo da concórdia? Denomina-se a si mesmo *pastor*, e *ovelhas* aos seus ([22]). Ora, pergunto: já alguém viu as ovelhas a lutarem contra as ovelhas? Ou que fazem os lobos, caso o rebanho entre a digladiar-se entre si? Quando se chama a si *a videira* e aos seus *as varas,* que outra coisa significou senão a

([19]) *Jo* 13. 34 - 35.
([20]) *Jo* 15. 12.
([21]) *Mt* 6. 9; *Lc* 11. 2.
([22]) *Jo* 10. 11.

unanimidade? [23] Se na mesma videira as varas começassem a pelejar umas contra as outras, pareceria algo de monstruoso, que cumpria conjurar com sacrifícios expiatórios: e porventura não se trata de um prodígio monstruoso, se um cristão combate contra outro cristão? Finalmente, se para os cristãos existe algo de totalmente sagrado, certamente que deve ser sagrado e arraigar-se fundamente nas suas almas aquilo que Cristo consignou naquelas suas derradeiras exortações, como se o inscrevesse num testamento, recomendando aos seus filhos aquilo que vivamente desejava que eles jamais olvidassem. Ora, que outra coisa nelas ensina, manda, ordena e pede, senão o amor recíproco de uns pelos outros? Aquela comunhão do pão consagrado e do cálice do amor, que outra coisa ratificou senão uma nova e indissolúvel concórdia?

Além disso, visto que sabia que a paz não pode estar firme onde há contendas por causa de cargos públicos, da glória, das riquezas ou de reivindicações, arranca completamente dos espíritos dos seus paixões dessa espécie, proíbe-lhes em absoluto que oponham resistência aos maus, ordena-lhes que façam o bem aos que lhes fazem mal, e, se possível, que desejam o bem dos que lhes desejam o mal [24]. E julgam-se cristãos os que, por causa de uma qualquer injuriazinha, arrastam para a guerra grande parte do mundo?

Ordena que se comporte como servidor aquele que entre o seu povo ocupa o primeiro lugar e que se avantaje aos demais exclusivamente por ser o melhor e útil à maioria [25]. – E há uns quantos que, com o propósito de acrescentarem uma porçãozinha minúscula às raias do seu Estado, não têm escrúpulos em provocar tamanhas perturbações?

---

[23] *Jo* 15. 5.
[24] *Mt* 5. 39 e 44; *Lc* 6. 27.
[25] *Lc* 22. 26.

Aconselha a viver o dia a dia, à semelhança das aves e dos lírios ([26]). Proíbe-nos de ter preocupação com o dia de amanhã, quer que dependamos exclusivamente do céu, exclui todos os ricos do reino dos céus ([27]): e existem certas pessoas que, por causa de uma dividazinha por saldar, ou se calhar inexistente, derramam tão grande quantidade de sangue humano? Ora, hoje estes parecem motivos talvez justíssimos para se fazer guerra. Não procede Cristo de modo contrário, ao mandar que uma só coisa aprendam dele: a ter um coração manso e despojado de crueldade? ([28])

Quando manda que a oferta seja deixada diante do altar e que não seja apresentada senão depois de feita a reconciliação com o irmão ([29]), acaso não ensina com toda a evidência que a concórdia deve ser anteposta a todas as coisas e que nenhum sacrifício propiciatório é grato a Deus se não for recomendado por mim? Deus rejeitava os presentes dos judeus, que constavam porventura de bodes ou de ovelhas, porque eram oferecidos por homens que não se entendiam uns com os outros: e os cristãos, guerreando-se de tal modo entre si, atrevem-se a oferecer-lhe aquele santíssimo sacrifício? De facto, quão apropriada foi a imagem com que nos retratou a concórdia, ao comparar-se à galinha que ajunta os seus pintos debaixo das asas! ([30]) Ele define-se como o ajuntador – e como é possível que os cristãos sejam milhafres? Pelo mesmo motivo se lhe dá o nome da *pedra angular*, que une e mantém ligadas duas paredes – e como é possível que aqueles que ocupam o seu lugar na terra a ponham toda em armas e incitem reinos contra reinos? Jactam-se de ter como príncipe aquele que é o maior conciliador – e mostram-se completamente incapazes de se reconciliarem entre si? Ele

([26]) *Mt* 6. 26 - 28.
([27]) *Mt* 19. 23.
([28]) *Mt* 11. 29.
([29]) *Mt* 5. 23 - 24.
([30]) *Mt* 23. 37.

conciliou Pilatos e Herodes ([31]) – e não é capaz de reduzir os seus à concórdia? A Pedro, ainda meio imbuído de judaísmo, que, diante de um perigo mortal, se aprestava para defender o seu senhor e mestre, repreende-o, ordenando a quem o defendia que embaínhe a espada ([32]) – e os cristãos, por pretextos ligeiríssimos, têm sempre a espada pronta e desimpedida, e isto contra cristãos? Acaso quer ser defendido com a ajuda da espada, ele que, ao morrer, pediu perdão pelos autores da sua morte? ([33]) Todos os livros sagrados do cristianismo, quer percorramos o Velho Testamento, quer o Novo, nenhuma outra coisa ressoam que não seja paz e unanimidade – e a vida toda dos cristãos só se ocupa de guerras?

Que ferocidade mais que de besta-fera é esta, que não pode ser vencida nem suavizada por tão grande número de antídotos? É preferível que optem: ou por deixar de ufanar-se do título de cristãos, ou por imitar, vivendo em concórdia, a doutrina de Cristo. Até quando haverá contradição entre o nome e o tipo de vida? Ornamentai e identificai quanto quiserdes os templos e as roupas com a imagem da cruz; Cristo não reconhece outra marca distintiva que não seja aquela que ele mesmo prescreveu – ou seja, a da concórdia. É reunidos que o vêem subir para o céu; reunidos se lhes ordena que estejam para receber o Espírito Santo ([34]). E tinha prometido que sempre haveria de encontrar-se no meio dos que se tivessem reunido ([35]), para que ninguém esperasse que Cristo se acha presente nas guerras. Depois, que outra coisa significa aquele espírito de fogo, senão amor? ([36]) Nada existe de mais comum que o fogo, acendendo-se o fogo com

([31]) *Lc* 23. 12.
([32]) *Mt* 26. 51 - 54; *Mc* 14. 47; *Lc* 22. 49 - 51; *Jo* 18. 10 - 11.
([33]) *Lc* 23. 34.
([34]) *Act* 1 e 2.
([35]) *Mt* 18. 19 - 20.
([36]) *Act* 2. 3.

o fogo sem qualquer gasto. Quereis certificar-vos de que aquele espírito gerava a concórdia? Vede as suas consequências: *E todos tinham um coração e uma alma* ([37]).

Arrancai o espírito ao corpo, e imediatamente desaparece toda aquela união dos membros; suprimi a paz, e acaba toda a sociedade cristã. Os teólogos asseveram que hoje o espírito celeste se infunde em nós mediante um tão grande número de sacramentos. Se é verdade o que afirmam, onde está o resultado especial daquele espírito, ou seja, *um só coração e uma só alma*? Se não passam de patranhas, por que é que se lhes dá tanta honra? E se me exprimi deste modo, fi-lo não para depreciar em coisa alguma os sacramentos, mas para que os cristãos sintam vergonha pelos seus costumes. O facto de o povo cristão ter decidido chamar-se Igreja ([38]), a que outra coisa nos incita senão à unanimidade?

Que relação existe entre acampamento militar e Igreja? Esta soa a união, aquele a conflito; se te ufanas de pertencer à Igreja, que tens a ver com as guerras? Se te apartaste da Igreja, que tens a ver com Cristo? Se partilhais do mesmo lar, se tendes o mesmo príncipe, se todos militais sob a mesma bandeira, se fostes iniciados nos mesmos sacramentos, se vos regozijais com as mesmas gratificações, se subsistis graças aos mesmos soldos, se aspirais a um prémio comum – por que é que de tal modo vos agitais uns contra os outros? Vemos que a enorme harmonia que reina entre os ímpios mercenários, a quem a esperança de lucro arrasta para o ofício de matar, resulta unicamente de militarem sob os mesmos pendões – e tão grande número de motivos não são bastantes para unirem homens que professam a piedade? De tal modo são improfícuos tantos sacramentos? A todos é comum o baptismo, por ele tornamos a nascer em Cristo e, cortados

([37]) *Act* 4. 32.

([38]) Como se sabe, originariamente em grego este termo (ἐχχλεσία) significava "assembleia, reunião de povo".

do mundo, somos enxertados nos membros de Cristo. Ora, que pode haver de mais comum do que os membros do mesmo corpo? Por conseguinte, deixa de haver diferença entre servos e homens livres, bárbaros e gregos, homens e mulheres, mas todos são o mesmo em Cristo, que reduz tudo à harmonia.

Um pouco de sangue bebido em comum de uma taça de tal modo liga os Citas, que, pelo amigo, não hesitam diante de qualquer sacrifício, afrontando mesmo a morte; também para os pagãos é sagrada a amizade que nasceu de uma mesa compartilhada – e aquele pão celestial e o cálice consagrado não mantêm os cristãos na amizade, que o próprio Cristo santificou e que eles todos os dias renovam e fazem reviver através das cerimónias religiosas? Se Cristo, com isto, nada pretendeu, para que servem hoje tantas cerimónias? Mas se visou a um fim sério, por que é que de tal modo o desprezais, como se se tratasse de um espectáculo divertido e teatral? Que se atreva a aproximar-se daquela sagrada mesa, que é um símbolo da amizade: que se atreva a chegar-se ao banquete da paz quem quer que se proponha a fazer guerra contra cristãos, e se aparelhe para arruinar seres por cuja salvação Cristo morreu e se apreste para beber o sangue daqueles por quem Cristo derramou o seu sangue?!

Oh peitos mais duros que o diamante, existe harmonia na imensa variedade das coisas, e na vida humana reina um tão inexplicável desacordo? Todos estão sujeitos à mesma lei de nascer, todos à mesma necessidade do envelhecimento e da morte. Todos procedem do mesmo antepassado, todos têm o mesmo mestre de religião, todos foram remidos pelo mesmo sangue, todos foram iniciados nos mesmos rituais, todos são alimentados com os mesmos sacramentos e, todos os benefícios que destes se tiram, saem de uma mesma fonte e são comuns por igual a todos. Têm todos em comum a mesma Igreja e, ao cabo, o prémio será o mesmo para todos. Ainda mais: aquela Jerusalém celestial, pela qual suspiram os verdadeiramente cristãos, traduz-se por "visão da paz", sendo a Igreja neste mundo a sua figuração. E que faz com que ela tanto divirja do seu modelo? A tal ponto nada conseguem quer a hábil natureza por tantas vias, quer o próprio Cristo com tantos preceitos, tantos mistérios, tantos símbolos? Até, segundo o ditado, *as maldades unem os maus*: só para os cristãos é que não há coisas boas nem más capazes de uni-los entre si!

Que existe de mais frágil e de mais breve do que a vida humana? A quantas moléstias e acidentes se acha exposta? E todavia, ainda que, por sua natureza, já possua um fardo de males mais pesado do que se pode carregar, mesmo assim os loucos homens andam a procurar para si mesmos a maior parte dos males. É tão grande a cegueira do espírito humano que não se apercebe de nada disto. Procedem de modo tão precipitado, que violam, rasgam e quebram todos os vínculos da natureza e de Cristo, esquecendo toda a espécie de pactos. Combatem incessantemente e em toda a parte, não impondo medida nem termo à sua agitação. Um povo bate-se com outro povo, uma cidade com outra cidade, uma facção com outra facção, um príncipe com outro príncipe, e, por causa da loucura ou da ambição de duas criaturinhas que em breve hão-de desaparecer como coisas efémeras, subverte-se por inteiro toda a civilização.

Farei caso omisso das desgraças das antigas guerras. Relembremos as que se fizeram de há dez anos a esta parte. Em que lugar não se combateu com a máxima crueldade, tanto em terra como no mar? Que região não se empapou com o sangue cristão? Qual o rio e o mar que não se tingiram com sangue humano? E, para vergonha nossa, combatem mais desalmadamente do que os judeus, do que os pagãos, do que as próprias feras! Quantas guerras os judeus empreenderam contra os estrangeiros, tantas deveriam os cristãos empreender contra os vícios: mas, com estes, os cristãos estão hoje de boas avenças; é contra os homens que a guerra se faz. Os judeus, todavia, se faziam guerra, era porque o mandado divino os conduzia para a luta. Aos cristãos, se não dermos atenção aos pretextos e analisarmos friamente os factos, a ambição é quem os arrebata para o mal, actuando a ira como o pior dos conselheiros e arrastando--os o apetite insaciável de possuir. Acresce que as contendas dos judeus eram quase sempre com estrangeiros, ao passo que os cristãos fazem aliança com os turcos ([39]) e guerra uns contra os outros.

Quanto aos tiranos pagãos, a sede da glória era o estímulo que ordinariamente os incitava à guerra e, mesmo assim, subjugavam por tal modo os povos bárbaros e asselvajados, que ser vencido redundava em proveito e o vencedor empenhava-se em fazer bem aos vencidos. Esforçavam-se por que a vitória fosse o menos sangrenta possível, de forma a que simultaneamente a honrada fama fosse o prémio para o vencedor e a bondade do vencedor refrigério para os vencidos.

Mas causa vergonha recordar quão vergonhosos e quão fúteis são os motivos pelos quais os príncipes provocam o mundo à guerra. Este descobre ou inventa algum direito antiquíssimo e esquecido, como se importasse muito qual é a pessoa que detém o poder, desde que vele com inteireza pelo interesse público. Aquele alega não sei que cláusula desrespeitada num contrato de cem capítulos. Aqueloutro sente-se pessoalmente ofendido por não lhe ter sido entregue a esposa que lhe havia sido prometida ou por o fazerem objecto de um sarcasmo mais rude. E a mais sacrílega de todas as coisas, é que há alguns que, recorrendo a uma artimanha tirânica, porque se apercebem que o seu poder diminui com a harmonia entre o povo e que as suas discórdias o fortalecem, subornam outros para provocarem de propósito a guerra, a fim de, ao mesmo tempo e de mútuo acordo,

([39]) Veneza celebrara um tratado de paz com o sultão em 1503, renovando-o em 1517. Uns anos mais tarde fará o mesmo o rei de França, ao tempo que guerreava ferozmente com o imperador Carlos V.

poderem desunir e pilhar mais livremente o desgraçado povo. Com isto se ocupam certos príncipes sacrílegos, que se alimentam com os males do povo e que pouco fazem nos seus Estados em tempo de paz.

Que fúria infernal foi capaz de introduzir este veneno nos peitos cristãos? Quem ensinou aos seguidores de Cristo semelhante tirania, que nenhum Dionísio, nenhum Mezêncio ou nenhum Fálaris ([40]) jamais conheceram? Mais verdadeiramente feras do que homens e nobres unicamente pela tirania, sagazes apenas para fazerem mal e unidos apenas para oprimirem o Estado. E os que assim procedem são tidos por cristãos e, completamente manchados de sangue humano, ousam aproximar-se dos sagrados templos e dos sagrados altares? Oh flagelos, merecedores de serem desterrados para as ilhas mais longínquas! Se são membros de um só corpo cristão, por que é que cada um não se congratula com a felicidade alheia?

Hoje quase parece que é uma justa causa para declarar guerra que o reino vizinho seja um pouco mais próspero em todos os aspectos. E de facto, se queremos confessar a verdade, que outra causa impeliu, e impele hoje em dia, tantos Estados a guerrear contra o reino da França, senão o facto de ser o mais próspero de todos? Nenhum é mais extenso, em nenhuma parte o senado é mais venerável, em nenhuma parte mais afamada a universidade e, por tudo isto, mais forte o poder. Em nenhuma parte florescem como aí as leis, em nenhuma parte a religião é mais pura, não se achando corrompida pelo contacto com os judeus, como acontece entre os italianos, nem infectada pela vizinhança com os turcos e os marranos ([41]), à semelhança do que sucede com os ibéricos e com os Húngaros. A Alemanha, para já não me referir aos Boémios, foi repartida em pedaços por inúmeros

([40]) Estes três nomes correspondem aos tipos clássicos do tirano, tão abominado pelos humanistas.

([41]) O texto latino diz *maranorum*.

reizetes e não possui sequer a aparência de um Estado soberano. Só a França é como uma flor intacta da cristandade e como uma espécie de seu baluarte seguríssimo; mas se por acaso alguma procela se desata, é atacada de tantas maneiras e investida por tantos modos, exclusivamente pelo motivo pelo qual deveria ser felicitada – se nos seus inimigos existisse um pingo de espírito cristão. E alega-se um motivo piedoso para estas façanhas tão ímpias! É assim que se aplana o caminho para a propagação do império de Cristo! Oh monstruosidade! Consideram que olham pouco pelos interesses da república cristã se não destruírem por completo a parte mais formosa e mais fértil da cristandade!

Que nos resta dizer senão que, com este tipo de procedimento, estão até a superar em ferocidade as próprias feras? Nem todos os animais selvagens são agressivos, e aqueles que são ferozes só o são contra outras espécies, tal como atrás dissemos e é conveniente que muitas mais vezes se faça saber, para mais compenetrar os espíritos deste facto. A víbora não morde a víbora nem o lince despedaça o lince. Além disso, as feras, quando lutam, lutam com as suas armas, aquelas com que a natureza as armou; mas aos homens, que nasceram completamente desprovidos de armas, santo Deus!, com que espécies de armas os arma a ira! Os cristãos atacam cristãos com engenhos de guerra infernais. Pois quem há-de acreditar que as bombardas são uma invenção do homem? Tão-pouco as feras, procurando destruir-se, se arrojam umas contra as outras formadas em cerrados esquadrões. Quem é que jamais viu dez leões enfrentarem-se em combate com dez touros? E todos os dias vinte mil cristãos pelejam com outros tantos cristãos! Tão importante é fazer mal e derramar o sangue dos irmãos. Demais, as feras praticamente não atacam, se a fome ou o cuidado da prole as não impelir à violência. Enquanto, para os cristãos, praticamente não existe uma ofensa, por mais insignificante que seja, que não lhes pareça um pretexto azado para guerrear.

Se fosse a plebe a proceder assim, ainda poderia mais ou menos desculpá-la a ignorância. Se os jovens, poderia escusá-los a inexperiência da idade. Se os leigos, a condição da pessoa minoraria alguma coisa à atrocidade do facto. Mas hoje vemos que as sementes das guerras são lançadas mais do que ninguém precisamente por aquelas pessoas por cujo conselho e autoridade seria normal que as agitações do povo fossem aquietadas.

Aquele povo vulgar, desprezado e sem fidalguia, edifica notáveis cidades; depois de edificadas, administra-as civilizadamente e, graças à sua administração, torna-as ricas. Introduzem-se nelas os sátrapas e, como se fossem zângãos, roubam o fruto do trabalho alheio e, aquilo que foi virtuosamente acumulado por muitos, é ruimmente esbanjado por poucos, e é destruído impiedosamente quanto fora bem edificado. Quanto a isto, se não há lembrança dos tempos antigos, que passe quem quiser pela sua memória as guerras que se fizeram nestes últimos doze anos, pondere-lhes as causas e descobrirá que todas foram iniciadas por culpa dos príncipes e realizadas com grande prejuízo do povo, conquanto as suas motivações nada tivessem a ver com o povo.

Até aquilo que outrora entre os pagãos era muito mal visto – *o elmo cobrir as cãs*, consoante diz o poeta –, é hoje entre os cristãos motivo de louvor. Para Ovídio *é coisa infame um ancião soldado* ([42]), e para estes é algo de sublime um guerreiro septuagenário! E ainda mais: nem mesmo os sacerdotes sentem pejo, eles a quem Deus outrora não permitiu, nem naquela sanguinária e descaroável lei de Moisés, que se manchassem com nenhum sangue; não sentem pejo os teólogos, mestres do modo de vida cristão; não sentem pejo os que fazem profissão de uma religião perfeita;

([42]) *Tris* IV 1. 74. Alusão claríssima ao papa Júlio II, símbolo para Erasmo do radicalmente anticristão espírito de contenda.

não sentem pejo os bispos, não sentem pejo os cardeais e os vigários de Cristo de serem os responsáveis e incitadores de algo que Cristo tanto abominou! Que relação existe entre a mitra e o elmo? Entre o báculo e a espada? Entre o livro do Evangelho e o escudo? Que coerência há entre saudar o povo com o sinal da paz e incitar o mundo a contendas violentíssimas? Desejar a paz com a língua e na realidade provocar a guerra? É possível que pregues o pacífico Cristo com a mesma boca com que louvas a guerra e que cantes Deus e Satanás com o mesmo instrumento? É possível que tu, no sagrado púlpito, coberto com a capucha do hábito, incites ao morticínio o povo simples, que esperava da tua boca a doutrina evangélica? É possível que tu, que ocupas o lugar dos apóstolos, ensines coisas que estão em contradição com os preceitos dos apóstolos? Acaso não te arreceias de que, o que se disse acerca dos pregoeiros de Cristo: *Que formosos são os pés dos que anunciam a paz, dos que anunciam o bem, dos que anunciam a salvação* ([43]), se transforme no contrário: "Quão medonha é a língua dos sacerdotes, que exortam à guerra, que incitam ao mal, que promovem a destruição"?

Entre os Romanos, que ainda na sua impiedade guardavam alguma piedade, aquele que tomava posse do pontificado máximo, era obrigado por lei a jurar que conservaria as suas mãos limpas de todo o derramamento de sangue, a tal ponto que nem mesmo sendo atacado tomaria vingança. E Tito Vespasiano, imperador pagão, manteve-se inalteravelmente fiel a este juramento sagrado, merecendo por isso o elogio de um escritor pagão ([44]). Porém, entre os cristãos (oh vergonha, inteiramente banida de entre os homens!), os sacerdotes consagrados a Deus e os monges – que se ensoberbecem de superar os sacerdotes em santidade –,

([43]) *Is* 52. 7; *Rom* 10. 15.
([44]) Suetónio, na biografia que lhe dedica n' *Os doze césares*.

incitam à carnificina os ânimos dos príncipes e da plebe, transformam a tuba do Evangelho em tuba de Marte e, esquecidos da sua dignidade, correm sem parança de um lado para o outro, tudo fazendo e tudo suportando até conseguirem provocar a guerra. É por instigação deles que se sentem impelidos a fazer guerra príncipes, que, sem a sua intervenção, provavelmente se sentiriam inclinados a permanecer em paz –, precisamente deles, a quem competia aquietar com a sua autoridade os desavindos. E até, facto mais monstruoso, eles mesmos se digladiam por causa de coisas, que até entre os pagãos os filósofos votaram ao desprezo e que devem ser o objecto próprio e particular do desprezo de varões apostólicos.

Há poucos anos, tendo-se levantado o mundo em armas por culpa de certa enfermidade fatal, os pregadores evangélicos – isto é, uns tais minoritas e dominicanos –, assopravam do sagrado púlpito o clarim da guerra e acirravam ainda mais aqueles que já por si pendiam para a violência. Na Inglaterra incitavam contra os Franceses, na França incitavam contra os Ingleses. Instigavam toda a gente à guerra. Ninguém fazia apelo à paz, tirando um ou outro, para quem quase constituiu crime capital o ter pronunciado o meu nome. Corriam num sentido e noutro os santíssimos prelados e, esquecidos da sua dignidade e da sua profissão, exacerbavam com a sua actividade a enfermidade do mundo, instigando ora de um lado o papa Júlio, ora do outro os reis a desencadearem a guerra, como se eles por sua conta e vontade já não estivessem suficientemente loucos. Mas coonestamos esta vesânia manifesta com pretextos nobilíssimos! A este fim deturpamos despudorada, para não dizer impiamente, as leis dos nossos antepassados, os escritos dos homens piedosos e as palavras da Santa Escritura. E ainda mais: chegou-se a tal ponto que é considerado prova de loucura e de impiedade abrir a boca contra a guerra e louvar aquilo que Cristo encareceu e louvou acima de tudo. Parece que, quem aconselhar a mais salutar e dissuadir da mais perniciosa de todas as coisas, está a zelar pouco pelos interesses do povo e a dar pouco apoio ao príncipe.

Os sacerdotes acompanham os arraiais da guerra, os bispos estão à testa dos acampamentos militares e, abandonando as suas igrejas, sacrificam a Belona. E já se chegou ao extremo de a guerra gerar sacerdotes, gerar bispos e gerar cardeais ([45]), em relação aos quais se considera como digno dos sucessores dos apóstolos e altamente honorífico o título de legado da guerra. Pois não há nada de espantoso em que também respirem Marte aqueles a quem Marte deu o ser. E, para que o mal seja mais incurável, coonestam uma tão grande impiedade com um pretexto de piedade. Os pendões ostentam a cruz. O soldado ímpio e contratado por algumas moedas para esquartejar e matar, leva diante de si a insígnia da cruz ([46]) e torna-se bandeira de guerra a única coisa que poderia dissuadir da guerra. Que tens tu a ver com a cruz, sacrílego soldado? A tais disposições de ânimo e a tais façanhas melhor se ajustam serpentes e tigres. Essa – a da cruz – é a insígnia daquele que venceu, não combatendo, mas morrendo; que conservou, mas não destruiu: ela te poderia antes de mais ensinar quais são os teus verdeiros inimigos, se de facto és cristão, e o método que se deve usar para os vencer. Tu transportas contigo a bandeira da salvação, ao tempo que corres para aniquilar o teu próximo, e destróis com a cruz aquele que foi salvo através da cruz?

E que dizer no que toca aos santíssimos mistérios e sacratíssimas solenidades? Pois a verdade é que também arrastam para os acampamentos militares aquelas cerimónias nas quais acima de tudo se simboliza a suma harmonia dos cristãos. Corre-se para o combate e com cruéis espadas

([45]) Provável alusão ao belicoso eclesiástico suíço Mateus Schiner, ardoroso propugnador da política antifrancesa de Júlio II e cabo de guerra de sentimentos pouco irénicos, devidamente galardoados com a nomeação para a púrpura cardinalícia em Setembro de 1508.

([46]) As bandeiras dos mercenários suíços.

trespassam-se as entranhas dos irmãos, obrigando Cristo a ser espectador do mais sacrílego de todos os crimes – que é simultaneamente o mais grato aos espíritos ímpios –, se é que Cristo consente em achar-se presente a isto. Enfim, o cúmulo do absurdo é que em ambos os arraiais e em ambas as linhas de combate se ergue e brilha o sinal da cruz, em ambos se realizam cerimónias religiosas. Que monstruosidade é esta? A cruz combate contra a cruz, Cristo peleja contra Cristo? Esta insígnia costuma aterrorizar os inimigos do nome cristão. Por que é que atacam agora aquilo que adoram – eles que são homens dignos não de uma só cruz, mas da verdadeira?

Pergunto-vos: como é possível que nestas cerimónias sagradas o soldado reze, dizendo: *Pai nosso*? – Boca impudente, ousas chamar "pai" àquele a quem pedes ajuda para a degola do teu irmão? *Santificado seja o teu nome.* – Seria possível ultrajar-se mais o nome de Deus do que por este género de contendas entre vós? *Venha a nós o teu reino.* – Atreves-te a fazer este pedido, tu que, com tão grande derramamento de sangue, te esforças por edificar a tua tirania? *Seja feita a tua vontade, assim na terra como no céu.* – Ele quer a paz, e tu aparelhas-te para a guerra? Pedes *o pão de cada dia* ao Pai comum, tu que incendeias as searas do teu irmão e preferes morrer a ser-lhe útil? Pois com que desplante dirás a Deus: *E perdoa-nos as nossas dívidas assim como nós perdoamos aos nossos devedores* – tu que te dás pressa para o fratricídio? Rogas que te proteja do perigo *da tentação* – tu que, com perigo teu, arrastas o teu irmão para o perigo? Pedes que Deus te *livre do mal* – tu que, instigado por ele, urdes o mal contra o teu irmão? ([47])

([47]) Recorde-se que Erasmo, em 1523, escreverá uma paráfrase do *Pai nosso*, que pode ler-se no tomo V da edição de Leida das obras completas, da col 1219 à 1228: *Precatio dominica digesta in septem partes, iuxta septem dies* (*Oração do Senhor, repartida em sete partes, acomodadas aos sete dias*).

Platão afirma que não deve chamar-se guerra a que uns Gregos movem contra outros Gregos, designando-a antes por *sedição* ([48]). Enquanto esses até têm por *santa* a guerra que, com tal espécie de soldados e com tais armas, uns cristãos empreendem contra outros cristãos por causa de um pretexto insignificante. As leis dos pagãos ordenam que seja cosido dentro de um saco de couro e lançado à agua corrente quem manchar a espada com o sangue de um irmão. Porventura são menos irmãos aqueles que Cristo uniu do que aqueles que juntou a identidade do sangue? E, não obstante, entre vós dá-se prémio ao fratricídio. Oh triste sorte dos combatentes! Quem vence, é fratricida; quem é vencido, morre igualmente culpado de fratricídio, pois esforçou-se por praticá-lo.

Apesar de tudo isto, lançam-se maldições contra os turcos por serem ímpios e desconhecedores de Cristo, como se, de facto, ao procederem assim, os que se proclamam cristãos fossem realmente cristãos, ou como se fosse possível oferecer um espectáculo mais grato aos turcos do que dar-lhes a ver como os cristãos se destroem uns aos outros com guerras mútuas. Dizem que os turcos fazem sacrifícios aos demónios – mas como, para estes, o sacrifício mais agradável é que um cristão imole outro outro cristão, pergunto: em que é que vos diferençais dos turcos? Com efeito, os espíritos malignos senhoreiam-se de duas oferendas sacrificiais, pois tanto o que imola como o que é imolado se convertem de modo igual em vítimas suas. Se alguém é favorável aos turcos, se alguém é amigo dos demónios, que faça frequentes sacrifícios deste teor!

Mas já estou a ouvir o que dizem para se desculpar homens que se mostram de muito engenho para agenciarem o seu próprio mal. Lastimam-se de serem constrangidos e

([48]) *Rep* V. 470.

arrastados contra vontade para a guerra. – Arranca essa máscara, deixa-te de disfarces e consulta o teu peito: acharás que foram a ira, a ambição e a loucura quem te arrastou para a guerra, e não a fatalidade. Se é que não defines por fatalidade aquilo que não satisfaz integralmente à tua vontade... "Guarda os ouropéis para o povo: Deus não se deixa embair por disfarces." ([49]) E entrementes fazem-se solenes rogativas, pede-se a paz com grandes clamores, gritam com alarido medonho: *Rogamos-te que nos dês a paz: ouve-nos!* Não seria mais que justo que Deus lhes respondesse: "Por que zombais de mim? Rogais que afaste de junto de vós aquilo que vós mesmos voluntariamente ides buscar? Suplicais-me que vos livre daquilo de que vós mesmos sois os responsáveis?"

Se qualquer pequena ofensa dá pretexto para guerra, quem não há-de encontrar de que se queixar? Entre marido e mulher surgem às vezes certos atritos para os quais é conveniente fechar os olhos, a menos que a gravidade dos males impeça a benevolência. Ora, se nascerem entre os príncipes desentendimentos desse género, qual a necessidade de recorrer logo às armas? Existem leis, existem homens sábios, existem venerandos abades e reverendos bispos com cujo salutar conselho se poderia pacificar a situação de conflito. Por que não preferem chamar como mediadores pessoas que não podem ser tão parciais que não se saiam do litígio com menos danos do que se recorressem às armas? Dificilmente uma paz é tão iníqua que não seja preferível à mais justa das guerras. Faz primeiro as contas a cada uma das coisas que a guerra, por um lado, requer e, por outro, acarreta – e terás calculado quanto ganhaste.

O pontífice romano detém a autoridade máxima. Porém, quando os povos e os príncipes se digladiam em guerras ímpias, e isto por anos a fio, onde se acha então a autoridade

([49]) Pérsio, *Sat* 3. 30.

dos pontífices, onde está o poder que mais convizinha com Cristo? Seguramente que era aí e então que ele se deveria mostrar, se os pontífices não estivessem eles mesmos dominados por ambições idênticas. O pontífice apela à guerra: obedece-se. O mesmo apela à paz: por que não é acatado do mesmo modo? Se preferem a paz, por que é que Júlio, causador de guerras, foi obedecido de tão bom talante, ao passo que mal se encontra alguém que obedeça a Leão, que incita à paz e concórdia? ([50]) Se a autoridade do pontífice romano é verdadeiramente sacrossanta, então é apropriadíssimo que se faça sentir sempre que apela àquilo que Cristo ensinou de modo muito especial. Mas de facto, vendo nós que, àqueles a quem Júlio pôde incitar a uma guerra funesta, não teve o santíssimo pontífice Leão o mesmo poder para, apesar do recurso a tantos meios, os incitar à concórdia cristã – somos levados a concluir que eles, sob pretexto da Igreja, obedeceram às suas ambições, para não me exprimir com mais dureza.

Se sinceramente estais fartos da guerra, darei um conselho com o qual podeis salvaguardar a paz. Uma paz estável não assenta em laços de parentesco nem em pactos de homens, nos quais vemos que amiúde se originam as guerras. É mister purificar as próprias fontes de onde brota este mal e que jorram esses tumultos: os seus desordenados apetites. Pois, durante o tempo em que cada um se deixa escravizar pelas suas paixões, não só a república se arruína, como tão-pouco ele consegue aquilo mesmo que procura obter por maus processos. Que os príncipes sejam prudentes, e sejam prudentes em proveito do povo, e não seu, e que sejam verdadeiramente prudentes, em ordem a que a sua majestade, a sua felicidade, a sua riqueza e o seu esplendor se avaliem por aquelas coisas que os tornam verdadeiramente grandes

([50]) Veja-se a parte final do texto anterior de Erasmo.

e superiores. Que possuam em relação à república os mesmos sentimentos que o pai tem para com a família. Que o rei só se considere grande se governar sobre os melhores homens; feliz, se tornar felizes os seus súbditos; glorioso, se governar os cidadãos mais livres; opulento, se tiver um povo opulento, e próspero, se, graças a uma paz perpétua, reinar sobre cidades prósperas. E que os dignitários e os magistrados imitem esta disposição de ânimo do príncipe. Que tudo avaliem segundo o critério da utilidade da república e por esta via ter-se-ão ocupado com maior segurança da sua própria utilidade. O rei que possuir esta disposição de ânimo, porventura se sentirá impelido a extorquir dos seus súbditos dinheiro para contratar mercenários bárbaros? Obrigará os seus à fome para enriquecer uns quantos generais ímpios? Acaso exporá a vida dos seus súbditos a tamanho número de perigos? Creio que não. Que exerça a sua soberania tendo sempre presente que é um homem que governa homens, um ser livre que governa seres livres, enfim, que é um cristão que governa cristãos. O povo, por sua vez, que o acate só na proporção conveniente para a utilidade pública. O bom príncipe não pede senão isso, ao passo que o consenso dos cidadãos enfreará as paixões do mau. Que de ambos os lados esteja ausente a consideração da utilidade privada. Que se concedam as maiores honrarias àqueles que impediram a guerra e que, mediante a sua inteligência e conselho, trouxeram de novo a concórdia: numa palavra, aos que, por todos os meios, se esforçaram, não em conseguir o máximo poder em soldados e máquinas de guerra, mas em tornar tudo isto desnecessário. De tão grande número de imperadores como houve, Diocleciano, segundo se lê, foi o único a conceber esta acção nobilíssima.

Ora, se não é possível evitar-se a guerra, ao menos que se faça de tal modo que a maior parte dos males recaia sobre as cabeças daqueles que foram causas da guerra. Os príncipes hoje dedicam-se à guerra acautelando a sua segurança, daqui procedendo o aumento de poder dos generais; a maior parte dos males recai sobre os lavradores e a plebe, que nada têm a ver com a guerra nem por modo algum contribuíram para a sua eclosão. – Onde está a sabedoria do príncipe, se não pondera atentamente tudo isto? Onde está o seu coração, se julga tudo isto com ligeireza?

Cumpre descobrir o modo de fazer com que o poder soberano não se mude e como que passe de mãos em mãos, visto como toda a inovação nas situações origina a confusão, e a confusão a guerra. Isto facilmente se conseguirá se aos filhos dos reis se der estado dentro das fronteiras do país ou se, havendo algum que queira juntar aos seus os territórios dos vizinhos, seja com condição de ficar excluído de quaisquer direitos sucessórios. E que não se permita ao príncipe vender ou alienar porção alguma do território do seu estado, como se as cidades livres fossem propriedades privadas: de facto, dá-se o nome de livres às cidades governadas por um rei, ao passo que vivem em regime servil as que um tirano oprime. Hoje, por via dos acasos de matrimónios deste género, sucede que alguém que nasceu na Irlanda passe de um momento para o outro a reinar sobre os Indianos, ou que alguém, que há pouco reinava sobre os Sírios, se torne de repente rei da Itália. E acontece que entretanto ambos os Estados ficam sem príncipe: o primeiro, porque ele o deixou; o segundo, ao não passar ele de um estranho nascido noutro meio, não o reconhece como soberano. E no meio tempo em que se ocupa em alcançar este reconhecimento, em obtê-lo, em consolidá-lo, esgota e exaure o outro Estado, e perde às vezes os dois, que se empenhava em possuir simultaneamente, quando dificilmente é capaz de governar um só.

Que de uma vez por todas os príncipes estejam de acordo acerca do espaço em que cada um deve governar e que nenhuns laços de parentesco aumentem ou diminuam as fronteiras que uma vez se fixaram, que nenhumas alianças as destruam. Deste modo cada um se empenhará o mais que puder em tornar a sua região a mais próspera, pois ao aplicar todo o seu desvelo só a uma, esforçar-se-á por deixá-la aos seus filhos enriquecida com as melhores coisas. E não há dúvida que, uma vez isto acordado, haverá prosperidade por toda a parte. Além disso, que se unam entre si por uma amizade sincera e genuína e, acima de tudo, por um idêntico e comum amor de fazer bem à humanidade, e não mediante laços de parentesco ou vinculações artificiais. Por outro lado, que a sucessão do príncipe seja atribuída, quer a quem lhe for mais próximo pelo sangue, quer a quem for considerado mais capaz segundo os votos do povo. Quanto aos restantes ([51]), que lhes baste com serem contados no número dos mais altos dignitários.

É próprio de um coração régio não dar ouvidos às paixões privadas e tudo avaliar de acordo com a utilidade pública. A este fim, que o príncipe evite viagens a terras longínquas, ou melhor, que nunca queira cruzar as fronteiras do seu reino e que tenha presente o provérbio comprovado pelo longo consenso das idades: *A cara está mais à frente que o cachaço.* Que se considere enriquecido, não se tirar algo a outros, mas se tornar melhor o que é seu. Quando se trata de guerra, que não chame a conselho nem os jovens – pois estes sentem-se atraídos por ela, pois não experimentaram os muitos males que a guerra provoca –, nem aqueloutros homens para quem é vantajoso perturbar a tranquilidade pública e que se sustentam e cevam com as desgraças do povo. Que recorra ao conselho de anciãos sensatos e íntegros e dotados de comprovado amor à pátria. E que não encete irreflectidamente a guerra, movido pelo capricho deste ou daquele, pois, uma vez iniciada, é muito difícil pôr-lhe termo. Sendo a guerra a coisa mais perigosa de todas, só deve empreender-se com o consentimento de todo o povo. As causas da guerra devem

([51]) Parece dever subentender-se *príncipes*: coligindo-se daqui o que dá visos de ser uma preferência de Erasmo por um sistema de monarquia electiva assessorada pela aristocracia do mérito civil.

suprimir-se com a maior celeridade possível. Convém fechar-se os olhos a certas coisas; a magnanimidade incitará à magnanimidade. Por vezes convirá comprar a paz. Se fizeres as contas a ela, calculando quanto a guerra haveria de gastar e o grande número de cidadãos que poupas, concluir-se-á que se compra barata, mesmo que por ela pagues um alto preço, visto que não era só o sangue dos teus súbditos que deveria perder-se com a guerra iminente. Faz o cálculo dos muitos males que evitaste e dos bens que salvaguardaste, e não te arrependarás do gasto.

Que entretanto os prelados desempenhem o seu ofício, que os sacerdotes sejam verdadeiramente sacerdotes, que os monges se lembrem da sua profissão e os teólogos ensinem aquilo que é digno de Cristo. Que todos se unam contra a guerra, que todos declamem contra ela. Que preguem, encareçam e inculquem a paz, tanto em público como em privado. Se não conseguirem fazer com que as disputas não se decidam pela espada, então que vivamente mostrem a sua desaprovação e não participem, para evitar que, com a sua presença, se considere honrosa uma coisa tão abominável ou, pelo menos, assaz duvidosa. Que aos mortos na guerra já seja o bastante dar-se-lhes sepultura em chão não sagrado; se há alguns bons nesta espécie de gente – cujo número seguramente é limitadíssimo –, não é por este motivo que se verão privados da sua recompensa; por outra parte, os ímpios, que constituem a imensa maioria, tirando-se-lhes as honrarias, sentir-se-ão menos contentes consigo mesmos.

Estou a referir-me àquelas guerras que os cristãos comummente travam com os cristãos por motivos fúteis ou injustos. De facto, não penso da mesma maneira no que tange àquelas guerras com as quais, penetrados de um sentimento puro e patriótico, repelem o assalto dos invasores bárbaros e, com risco da sua própria vida, salvaguardam a tranquilidade pública.

Hoje, nas igrejas, colocam-se troféus de guerra tingidos com o sangue daqueles por cuja salvação Cristo derramou o seu, por entre as imagens dos apóstolos e dos mártires, como se a partir de agora passasse a ser prova de piedade, não tornar-se mártir, mas fazê-los! Já era mais que suficiente que se exibissem semelhantes coisas na praça pública ou em um armário qualquer: mas não fica bem que nos sagrados templos, que devem conservar-se na máxima pureza, se dê abrigo a alguma coisa que tenha sido manchada com sangue. – "Ora, mas os antigos colocavam nos templos os despojos da vitória!" – É verdade, mas também é certo que neles se sacrificava aos demónios, e não a Deus. Que os sacerdotes se achem completamente ausentes das guerras, excepto para lhes pôr fim. Se se mostrarem de acordo sobre este ponto e se por toda a parte persuadirem do mesmo, a sua autoridade unânime há-de vir a ser de grande peso.

Ora, se a guerra é uma enfermidade inelutável do género humano, de tal sorte que lhe é completamente impossível viver sem ela – por que não se faz cair este mal sobre os turcos? Conquanto fosse preferível atrai-los para a religião de Cristo através da doutrina, dos bons procedimentos e de um teor de vida puro, do que atacá-los com armas. Todavia, já que, tal como dissemos, é completamente impossível evitar-se a guerra, não há dúvida que uma guerra com os turcos é um mal menos grave do que impiamente se combaterem e pelejarem uns contra os outros os cristãos. Se o amor recíproco não os une, certamente que de uma forma ou de outra os há-de juntar o inimigo comum, fazendo nascer uma tal ou qual espécie de fusão, ainda que esteja longe de ser uma verdadeira concórdia.

Finalmente, o primeiro e principal passo para a paz é querer sinceramente a paz. Com efeito, os que verdadeiramente desejam a paz, com grande firmeza deitam mão a todas as oportunidades de paz, não fazem caso ou desviam todos os obstáculos, resignam-se a tolerar muita coisa, desde que se logre manter são e salvo um tão grande bem.

Hoje são os próprios príncipes quem procura encontrar pretextos para guerras; enfraquecem, ou até encobrem, quanto contribui para a concórdia; de moto próprio, exageram e acirram quanto concorre para a guerra. Causa vergonha contar com que espécie de ninharias fraguam tão grandes tragédias e de quão minúsculas bagatelas nascem tamanhas tempestades. Acode-lhes ao espírito o esquadrão dos agravos, e, diante de si mesmo, cada um mais avulta o seu dano – do mesmo passo que remete a profundo esquecimento os benefícios recebidos, de modo a dar a entender que tem direito a fazer a guerra. E amiúde é uma qualquer questão privada dos príncipes o que força o mundo à guerra. Ora, convém que a causa de uma guerra seja algo mais do que público. Mas até, quando não têm à mão nenhum motivo, eles mesmos inventam motivos para divisões, recorrendo indevidamente às designações dos países para alimentar os ódios; e este engano da louca plebe fomentam-no não apenas os magnates, como também certos sacerdotes, para seu lucro pessoal.

O Inglês é inimigo do Francês só porque é Francês; o Bretão odeia o Escocês pela única razão de ele ser Escocês; o Alemão não se entende com o Francês, o Espanhol nem com um nem com outro. Oh desatino! Que uma vã designação geográfica tenha força para separar! Por que não hão-de antes unir tantas coisas em comum? O Bretão quer o mal do Francês. – Por que não há-de antes um ser humano querer o bem de outro ser humano, um cristão o de outro cristão? Por que é que para eles tem mais peso uma futilidade do que tão grande número de laços da natureza, de tantos vínculos de Cristo? A geografia separa os corpos, não os espíritos. Outrora o Reno dividia o Gaulês do Germano, mas o Reno não divide o cristão do cristão. Os Pirenéus apartam os Hispanos dos Franceses, mas não os separam da comunhão da Igreja. O mar separa os Ingleses dos Franceses, mas não separa a unidade de religião. O apóstolo Paulo indigna-se ao ouvir os cristãos dizerem isto: *Eu sou de Apolos, e eu de Cefas, e eu de Paulo* e não tolera que sobrenomes ímpios dividam Cristo que veio unir todas as coisas ([52]) – e nós julgamos que o ter em comum um nome de pátria é razão imperativa para que um povo se abalance à destruição de outro povo?

Mas nem sequer isto é suficiente para os espíritos de algumas pessoas desejosas de guerras, que perversa e acintosamente se esforçam por achar pretextos para conflitos: dividem a própria França e, recorrendo às palavras, desunem um país que nem os mares, nem os montes nem as designações exactas das províncias têm força para desunir. De Franceses fazem Alemães ([53]), para impedir que, até pela comunhão de nome, a amizade se fortaleça. Se nos processos litigiosos, como nos casos de divórcio, o juiz não aceita facilmente a querela nem recebe indiscriminadamente qualquer prova – por que é que esses homens tomam um qualquer ridículo pretexto quando se trata daquela que é a mais litigiosa de todas as coisas?

Por que não pensam antes nas seguintes verdades? – Se a designação de pátria tem força para unir, este mundo é a pátria comum de todos; se a identidade de sangue faz amigos, todos nascemos dos mesmos antepassados; se a comunidade de casa estabelece laços de parentesco, a Igreja é uma só família, comum a todos por igual. É justo que se mostrem engenhosos também nesta direcção. Toleras ao teu sogro certas coisas pelo simples facto de ele ser teu sogro – e não toleras seja o que for àquele que, pela comunidade de religião, é teu irmão? Perdoas muitas coisas ao parentesco de sangue – e nada perdoas ao parentesco de religião? Ora, a verdade é que não há nenhum vínculo mais estreito do que a irmandade em Cristo. Por que é que só se apresenta diante dos olhos aquilo que desperta irritação? Se és favorável à paz, pensa antes assim: "prejudicou-me nisto, mas em muitos outros aspectos foi-me útil, ou, se me fez mal, foi movido por outrem". Enfim, da mesma maneira que, em Homero, os que

---

([52]) *I Cor* 1. 12 - 13.

([53]) Refere-se, com toda a probabilidade, aos Países Baixos.

exortam à concórdia atribuem a Ates, deusa da vingança, as causas do desentendimento que opusera Agamémnon a Aquiles ([54]), que de modo idêntico se assaquem aos fados ou, se lhes praz, a algum mau génio, aquelas ofensas que não se podem desculpar, transferindo-se para estas forças o ódio que se sente contra os homens.

Por que é que os homens dão mais provas de inteligência para a sua destruição do que para a salvaguarda do seu bem estar? Por que é que são mais perspicazes para o mal do que para o bem? As pessoas que têm um pouco de sensatez ponderam, avaliam e acautelam-se antes de se abalançarem a qualquer negócio de âmbito privado – e arremessam-se de olhos fechados numa guerra, para mais sendo a guerra algo que, uma vez começado, escapa a qualquer domínio. E o que é mais, de pequena, transforma-se em muito grande, de uma só, passa a muitas, de incruenta, a sangrenta, especialmente porque esta tempestade não atormenta este ou aquele em particular, mas abate-se sobre todos por igual. Ora, se o vulgo pouco pondera tudo isto, é certo que corre ao príncipe e ao escol o dever de sobre isso reflectirem consigo mesmos. Compete aos sacerdotes prodigalizar toda a sorte de razões e fazer com que os homens, de bom ou mau grado, se capacitem destes factos. Enfim, ficarão gravados na memória, mesmo que não sejam escutados em nenhuma parte.

Estás ansioso por fazer a guerra? Examina primeiro que espécie de coisa é a paz, que espécie de coisa é a guerra, que bens aquela e que males esta trazem consigo, e deste modo calcularás se é vantajoso trocar a paz pela guerra. Se um reino, florescente por toda a parte com tudo quanto há de melhor, com cidades bem construídas, com campos bem cultivados, com as melhores leis, com as ciências mais nobres e com os costumes mais santos é algo de verdadeiramente

([54]) *Il* XI 505 e XIX 91.

admirável – pensa contigo mesmo: *Se faço guerra, é forçoso que destrua esta prosperidade.* Ao invés, se, ao contemplares as ruínas das cidades, as aldeias destruídas, os templos queimados e os campos assolados, isto te pareceu – tal como de facto é – um espectáculo digno de lástima, pensa que é este o fruto da guerra. Se achas que é desagradável introduzir no teu território o criminoso rebotalho dos mercenários, e se estás ciente de que é com a desgraça dos teus súbditos que os sustentas, sujeitando-te a eles e lisonjeando-os – ou antes, se tens consciência de que entregaste a tua segurança e a tua vida ao arbítrio de tais homens –, esforça-te por pensar que é essa a condição da guerra.

Se abominas os latrocínios, a guerra é quem os ensina; se te repugnam os parricídios, é na guerra que se aprendem. De facto, que hesitação há-de sentir, quando alterado por forte emoção, em matar um só ser humano, quem, a troco de um pequeno soldo, degola tão grande número de homens? Se o flagelo se desata sobre a república, há indiferença pela justiça: *no meio das armas, as leis remetem-se ao silêncio* ([55]). Se o estupro, a violação e violências mais torpes do que estas te parecem coisas repelentes, lembra-te que a guerra é a mestra de tudo isso. Se a fonte de todos os males é a impiedade e o menosprezo da religião, tem presente que esta é completamente aniquilada pelas procelas da guerra. Se achas que a pior situação em que pode encontrar-se um Estado é quando os mais poderosos são os piores, recorda-te que na guerra o poder está na mão dos mais criminosos e que desempenham o primeiro papel, na guerra, aqueles que, na paz, mandas publicamente executar. Pois quem há-de guiar melhor as tropas por atalhos escusos do que um experimentado salteador de estradas? Quem há-de ser mais resoluto em saquear casas ou pilhar templos do que o arrombador de paredes ou o sacrílego? Quem há-de ser mais

([55]) Cícero, *Pro Milone* IV 10.

valente em ferir o inimigo e vazar-lhe com a espada as entranhas do que o gladiador ou o parricida? Quem é tão hábil para pegar fogo às cidades ou às peças de artilharia como o incendiário? Quem sentirá tão pouco medo das vagas e perigos do mar como o pirata calejado por longos corsos? Queres ver às claras em que grau é a guerra uma actividade ímpia? – Põe os olhos em quem a faz.

Se para o príncipe piedoso nada deve haver de mais importante do que a segurança dos seus súbditos, é mister que deteste a guerra acima de todas as coisas. Se a felicidade do príncipe consiste em governar sobre um povo feliz, deve antes de mais nada abraçar a paz. Se o bom príncipe deve desejar principalmente reinar sobre os melhores, é mister que deteste a guerra, da qual jorra a sentina de toda a espécie de impiedades. Se considera que são riquezas suas quaisquer bens que os seus súbditos possuam, que evite por todos os meios a guerra, pois é certo que esta, ainda que tenha sucesso favorável, arruína os recursos de todos e, o que foi adquirido por processos honestos, tem de ser gasto com o soldo de certos monstruosos algozes. Que ponderem repetidamente que cada um é complacente com a causa que defende e que a esperança que cada um acalenta lhe surge pintada com as cores mais risonhas, a qual, ainda que muitas vezes se volva na pior das realidades, induz em erro, parecendo justíssima a quem está perturbado.

Mas imagina a mais justa das pretenções; imagina o mais feliz dos desenlaces para uma guerra; faze depois o cálculo de todos os prejuízos que a guerra custou e de todos os lucros que a vitória trouxe consigo – e vê se vencer valeu a pena. Quase nunca se consegue a vitória sem derramamento de sangue: já fizeste com que os teus súbditos se manchassem com sangue humano. Adita a isto a destruição dos costumes e da ordem pública, que não há dinheiro que remedeie. Esvazias os cofres públicos, esbulhas o povo, oneras os bons, incitas os maus ao crime. Tão-pouco se creia que, acabada a guerra, imediatamente a seguir se extinguiram as sequelas da guerra. As artes debilitam-se, as relações comerciais cessam. Para manter o inimigo sob cerco, és forçado a abandonar primeiro muitas regiões. Antes da guerra pertenciam-te todos os territórios vizinhos, pois, mediante as trocas comerciais, a paz faz com que tudo seja comum. Atenta na gravidade do que fizeste: agora mal é teu o território sobre o qual propriamente deténs a soberania!

Quão grande número de engenhos de guerra e quantas tendas são precisos para destruir uma cidadezinha! É-te mister edificar uma cidade simulada para deitares abaixo uma verdadeira: quando seria possível por menor preço construir-se outra verdadeira. A fim de impedir que o inimigo saia da cidade sitiada, tu dormes a céu aberto longe da tua pátria. Sairia muito mais barato construir novas muralhas do que demolir com máquinas de guerra as que estão construídas. Para não fazer aqui a conta à quantidade de dinheiro que se escoa por entre os dedos dos cobradores, dos recebedores e dos generais, que seguramente é uma parte nada pequena. Por isso, se depois de fazeres um cálculo rigoroso de cada um destes gastos, não concluíres que a paz teria podido ser comprada pela décima parte do que custou, darei de boa vontade licença para que me expulsem de toda a parte.

Mas parece-te que és de ânimo apoucado se perdoares a mais pequena das ofensas: quando na verdade não há prova mais certa de um espírito mesquinho e nada régio do que o desejo de vingança. Achas que se deslustra a tua majestade se, tendo uma pendência com um príncipe teu vizinho, se calhar teu parente ou teu afim e que porventura noutra ocasião te fez bem, renuncias a um poucochinho do teu direito. – Mas como rebaixas muito mais a tua majestade, quando és obrigado amiúde a aplacar com ouro os insaciáveis esquadrões de bárbaros e da mais ínfima ralé dos criminosos, quando, numa postura de lisonja e súplica, envias embaixadores a contratar mercenários vilíssimos e perversíssimos, quando fazes depender a tua própria cabeça e a sorte dos teus da palavra de homens para quem nada existe de sagrado nem de respeitável? Pelo que, mesmo que venha a parecer que mantiveste a paz com algum detrimento dos teus justos direitos, evita pensar assim: "Perco isto", mas pensa antes: "Compro por este preço a paz".

Mas algum príncipe mais arguto poderá retorquir: "Se a questão tivesse a ver apenas comigo, não teria qualquer problema em perdoar. Mas sou príncipe e, queira-o ou não, tenho entre mãos um negócio de interesse público". – Ora, quem atende exclusivamente ao interesse público terá grande relutância em empreender uma guerra. Mas o facto é que, pelo contrário, vemos que quase todas as causas de guerra nascem de interesses que nada têm a ver com o povo. Queres reivindicar o teu domínio sobre esta ou aquela região? – Em que é que essa pretenção diz respeito ao povo? Queres tomar vingança sobre alguém que renunciou ao noivado com a tua filha? – Que relação tem isso com os interesses da comunidade? É próprio de um príncipe deveras sábio e deveras grande ponderar e examinar todas estas circunstâncias.

Quem é que jamais reinou com um poder mais dilatado e mais glorioso do que Octávio Augusto? No entanto, mostrava vivo desejo de dar de mão ao seu poder, caso encontrasse alguém que pudesse vir a ser um príncipe mais salutar para o Estado. Foi com toda a justiça que eminentes autores celebraram as seguintes palavras de certo imperador: *Que morram os meus filhos, se existe alguém que possa vir a ocupar-se melhor da república* ([56]). Homens ímpios – do ponto de vista da religião de Cristo – mostraram estas disposições de ânimo para com o bem geral – e príncipes cristãos a tal ponto desprezam o povo cristão que queiram vingar as suas paixões ou satisfazer os seus desejos privados a preço de um violentíssimo abrasamento do mundo?

([56]) Talvez por inadvertência, Erasmo designa por *cuiusdam imperatoris* o mesmo Augusto de quem acabou de falar. *Vide* Suetónio, *Augustus* 28.

Já estou a ouvir os rodeios com que vêm uns quantos, alegando que não podem estar seguros se não repelirem com determinação os ataques dos maus. Ora, por que é que, de entre os inúmeros imperadores, só os Antoninos, o *Pio* e o *Filósofo,* não foram atacados? Não terá sido porque não há ninguém que reine com mais segurança do que aquele que está preparado para renunciar, tendo presente que governa para o bem da república e não para o seu?

Por isso, se nada vos convence, nem os sentimentos da natureza, nem o respeito pela piedade, nem tão grandes desgraças, que ao menos o opróbrio que cai sobre o nome cristão reconduza os vossos espíritos à concórdia. Que porção do mundo senhoreiam os cristãos? Seja ela qual for, mesmo assim é aquela *cidade edificada sobre um monte elevado, feita espectáculo a Deus e aos homens* ([57]). Mas que deve julgar-se que pensam, que deve crer-se que dizem e que espécie de ultrajes se espera que bolsem contra Cristo os inimigos do nome cristão, quando vêem o modo como os cristãos combatem uns contra os outros por motivos mais insignificantes do que os dos pagãos, com mais crueldade do que os ímpios e com engenhos bélicos mais terríveis do que os que eles mesmos usam? Quem inventou as bombardas? Porventura não foram os cristãos? E para tornar isto ainda mais vergonhoso, dão às peças nomes de apóstolos e gravam sobre elas imagens de santos. Oh cruel irrisão! Que aquele Paulo, que não cessou de exortar à paz, aponte uma arma infernal contra cristãos! Se desejamos atrair os turcos à religião de Cristo, tornemo-nos primeiro cristãos. Nunca eles se converterão ao cristianismo, se virem que aquele mal que Cristo mais abominou em nenhuma parte se desata com mais sanha do que entre os cristãos. E aquilo que um poeta pagão como Homero estranha nos pagãos, quando pondera que, existindo saciedade até para as coisas

([57]) *Mt* 5. 14. e *1 Cor* 4. 9.

aprazíveis, como são o sono, a comida, a bebida, a dança e a música, todavia nunca os homens se sentem saciados da estéril guerra ([58]) – antes o deveria ter estranhado ao ver que era a coisa mais verdadeira deste mundo para homens que têm a obrigação de abominar até o próprio vocábulo *guerra*!

Outrora, a impetuosa Roma, apesar da sua belicosidade, viu uma vez ou outra fechadas as portas do seu templo de Jano ([59]). E há entre vós alguém que esteja de acordo em que se faça uma pausa na guerra? Com que cara haveis de apregoar Cristo, autor da paz, aos turcos – vós que vos digladiais em perpétuos conflitos? Tendes ideia do ânimo que as vossas discórdias dão aos turcos – pois não há nada mais fácil do que vencer os que não se entendem? Quereis tornar-vos temíveis aos olhos deles? Ponde-vos de acordo! Por que é que voluntariamente recusais a alegria desta vida presente e quereis privar-vos da felicidade futura? A vida dos mortais já por si está sujeita a inúmeros males; a concórdia suprimirá grande parte das inquietações, se os homens se consolarem ou ajudarem uns aos outros mediante laços de solidariedade. Se a alguém sobrevier algo de bom, a concórdia tornará tal bem tanto mais agradável quanto mais em comum for vivido, o amigo partilhando-o com o amigo e sentindo alegria com a alegria do outro.

Por quão frívolas e por quão passageiras questões se ateia a discórdia entre vós! A morte ameaça a todos, tanto a reis quanto a plebeus. Quantas discórdias suscita um animalzinho que em breve se desvanecerá como fumo! À saída da vida tem à sua espera a eternidade. Qual o sentido de se esforçarem tanto por obter essas coisas vãs, como se esta vida não tivesse fim? Oh desgraçados, que não crêem ou não esperam aquela vida bem-aventurada dos homens piedosos! Desavergonhados, que se convencem a si mesmos que existe um

([58]) *Il* XIII 636 - 639.

([59]) As portas deste templo só se fechavam em tempos de paz.

caminho que leva das guerras àquela vida, quando ela não é outra coisa senão uma espécie de inefável comunhão de todas as almas bem-aventuradas, ao realizar-se por fim em toda a plenitude aquele pedido que Cristo tão afincadamente fizera ao Pai celestial, rogando-lhe que os apóstolos se unissem entre si do mesmo modo que ele foi unido ao Pai! ([60]) Como é que podeis estar em condições para gozar esta suma concórdia, se durante esta vida não a prepararдes o mais que vos for possível? Assim como é impossível transformar de súbito um imundo glutão num anjo, do mesmo modo não é de repente que de um soldado sanguinário surge um companheiro de mártires e de virgens.

Eia, basta já, já se derramou demasiado sangue cristão – como se já fosse pouco *sangue simplesmente humano*! Basta já de os homens se deixarem possuir pelo desvairamento que os impele a matarem-se uns aos outros! Basta já de sacrifícios oferecidos às fúrias e ao Orco! Está a representar-se há demasiado tempo o espectáculo com que os turcos recreiam os seus olhos. Depois de suportadas durante tanto tempo as misérias das guerras, arrependei-vos ao menos uma vez! Que se imputem aos fados todos os tresvarios que até hoje se praticaram! Que os cristãos não tenham pejo em proceder como outrora fizeram os pagãos: esquecer os males passados. Depois, aplicai-vos ao zelo da paz mediante decisões comuns, e aplicai-vos de modo tal que ela se firme com laços, não de estopa, mas sólidos e mais inquebráveis que o diamante, impossíveis de alguma vez se romperem.

Dirijo-me a vós, ó príncipes, de cuja vontade sobretudo dependem os negócios dos mortais, vós que representais entre os mortais a imagem do Cristo-rei. Reconhecei a voz do vosso rei que vos chama à paz ([61]). Considerai que o mundo inteiro, fatigado

([60]) *Jo* 17. 20 - 21.

([61]) "Bem-aventurados os pacificadores, porque eles serão chamados filhos de Deus." *Mt* 5. 9.

de males incessantes, suplica isto de vós. Se há ainda alguém a quem doa alguma ofensa, parece justo que a perdoe em atenção à felicidade pública de todos. Esta empresa é de demasiada importância para que a retardem com motivos sem peso.

Dirijo-me a vós, sacerdotes consagrados a Deus. Aplicai todos os vossos desvelos em pregar aquilo que sabeis que é a coisa mais grata a Deus e em dissuadir daquilo que Ele mais abomina.

Dirijo-me a vós, teólogos. Pregai o Evangelho da paz, fazei-a soar sempre aos ouvidos dos vossos concidadãos.

Dirijo-me a vós, bispos e demais dignitários eclesiásticos: que a vossa autoridade sirva para ligar a paz com ataduras eternas.

Dirijo-me a vós, grandes senhores e magistrados, pedindo--vos que auxilieis com a vossa vontade a sabedoria dos reis e a piedade dos pontífices.

Dirijo-me indiscriminadamente a todos quantos sois designados pelo título de cristãos: ponde-vos de acordo e sede unânimes no que toca à paz. Mostrai aqui o quão poderosa é a harmonia da multidão contra a tirania dos poderosos. Que todos por igual ofereçam todos os seus conselhos para este fim. Que a eterna concórdia una aqueles a quem, se a natureza uniu por muitos laços, Cristo uniu por muitos mais. Que todos com esforços comuns se empenhem em conseguir aquilo que diz respeito por igual à felicidade de todos.

Tudo nos incita a isto. Em primeiro lugar, o próprio instinto da natureza e, por assim dizer, a própria humanidade. Em segundo lugar, Cristo, príncipe e autor de toda a felicidade humana. Depois, as inúmeras vantagens da paz, contrapostas ao número imenso das calamidades da guerra.

Apelam à paz as disposições de ânimo dos príncipes que, como que inspirados por Deus, já se mostram propensos à concórdia. Aí tendes aquele pacífico e brando Leão ([62]), que

([62]) O papa Leão X. *Vide* o apelo final do anterior texto erasmiano incluído neste volume.

a todos deu o sinal, convidando à paz e desempenhando com verdade o papel de vigário de Cristo. Se verdadeiramente sois ovelhas, segui o pastor. Se sois filhos, escutai o pai.

Apela à paz o celebrado Francisco, rei da França, *cristianíssimo* não apenas de título, o qual não só não se peja de comprar a paz, como também não se mostra intransigentemente cioso da sua majestade, desde que esteja em jogo a paz pública, ensinando enfim que é próprio de um espírito verdadeiramente elevado e régio tornar-se merecedor da máxima gratidão do género humano.

Apela à paz o ilustríssimo príncipe Carlos, jovem de carácter incorruptível. Tão-pouco a ela se opõe o imperador Maximiliano, tal como a não recusa o ínclito Henrique, rei da Inglaterra. É justo que os restantes imitem de bom grado o exemplo de tão grandes príncipes.

A imensa maioria do povo abomina a guerra e faz votos pela paz. São só uns quantos, em número muito reduzido, aqueles que, porque a sua ímpia felicidade depende da infelicidade pública, desejam a guerra. Ponderai vós mesmos se é justo ou não que a perversidade destes tenha mais força que a vontade de todos os bons. Vedes que até hoje nada se conseguiu através de tratados, nada se adiantou através de alianças de família, para nada serviu a força, nada se logrou com a vingança. Fazei agora a experiência do que podem o espírito de reconciliação e a boa vontade. A guerra sucede à guerra, a vingança arrasta consigo a vingança. Que a partir de agora a indulgência faça nascer a indulgência e um favor prestado convide a outro favor e que se avalie como possuidor de ânimo mais realengo aquele que estiver mais disposto a renunciar aos seus direitos.

Não se tornou realidade aquilo que foi tentado pelo esforço humano, porém o próprio Cristo dará êxito às deliberações piedosas que vir que são empreendidas tendo-o a ele por inspirador e guia. Estará presente de forma propícia, inspirará e será favorável àqueles que favorecem aquela coisa a que ele sobremodo foi favorável. Que às paixões privadas se sobreponha a utilidade pública. Aliás, ao tempo que se ocupa desta, cada um estará a tornar melhor a sua sorte. Os príncipes terão uma soberania mais majestosa se governarem sobre súbditos piedosos e felizes, de tal maneira que reinem mais pelas leis do que pelas armas. Os próceres terão uma dignidade maior e mais verdadeira, os sacerdotes gozarão de um sossego mais repousado, o povo possuirá um clima de tranquilidade mais produtivo e uma produtividade mais tranquila e o nome cristão tornar-se-á mais temível para os inimigos da cruz. Finalmente, todos e cada um de vós tornar-se-á amado e agradável para todos e cada um dos seus semelhantes e, acima de tudo, grato aos olhos de Cristo, em cujo aprazimento está a suma felicidade.

Disse.

ÍNDICE

Impressão e acabamento
da
LATGRAF - Artes Gráficas, Lda.
para
EDIÇÕES 70, Lda.
Outubro de 1999